JN438042

꼬리를 올려? 내려?

조선문학수필선 6

꼬리를 올려? 내려?

정　순 수필집

조선문학사

책머리에

수필을 쓰면서 한 작품씩 편수가 늘어 갈수록 흐뭇하고 뿌듯했음을 잊지 못합니다. 그렇게 여러 해를 모은 작품들입니다.

자기 고백의 창작 수필이라 속살 드러나듯 부끄럽고 계면쩍어 많이 망설였습니다. 그렇게 만들어진 책입니다.

'생활 글쓰기'부터 가르쳐주신 임헌영 교수님과 '수필이란 작자 자신이 항상 자기 작품의 주인공이 되어야 한다'고 가르쳐 주신 오창익 교수님 그리고 시를 가르쳐 주시고 책을 엮어 출판해 주신 박진환 교수님께 진심으로 감사드립니다.

우리 세대 가부장(家父長) 중심에서 맞벌이 부부로 바뀌면서 겪어낸 부부들의 변천사의 한 획을 표현해보면서 혹여 남편에게 누가 되지 않았을까? 부디 친지들과 가족들의 심심한 이해와 헤아림을 바랍니다.

앞으로도 거듭 노력, 알찬 작품을 쓸 것을 다짐하면서 문우 여러분과 함께 행복을 나누겠습니다.

2011년 辛卯 早春

정 순 씀

차례

정 순 수필집　꼬리를 올려? 내려?

제 2부
서로 엉켜 사는 법인데

수필집 평설

제1부

말 좀 놓고 지냅시다

만둣국을 끓이며

생시에 친정어머니는 만둣국을 좋아 하셨다. 겨울 짧은 해에 점심 식사만 끝나면 만두 속을 만드느라 분주하셨다. 벌건 김장 김치 다지고, 두부, 숙주나물 짜고, 다진 돼지고기, 쇠고기 넣고 주방 한 켠에서 큰 양푼에 만두 속을 버무렸다. 그리곤 만두피를 작은 주전자 뚜껑으로 동그랗게 잘라가며 빚었다. 아들, 손자, 며느리와 다 함께 먹으려면 큰 쟁반 두어 개의 분량은 빚어야 하고 저녁 때 만둣국을 먹으려면 온 식구가 같이 빚어 끓여 먹었다. 한 끼를 먹기 위해 한 나절을 잔손질 해가며 왜 이렇게 만들어 먹기를 좋아하시는지. 별미이긴 해도 조리시간을 많이 빼앗겨 그다지 흥미가 없었다. 그래서 나는 설날 구색 갖추느라 조금씩 해 먹었던 기억밖엔 없다.

그런 내가 요즘 만두를 빚기 시작했다. 당뇨다, 고지혈이다 하고 성인병에 시달리다 보니 식이요법을 하게 되고 만두 속에 들어가는 모든 재료가 웰빙 음식으로 그만이기도 하지만 서로 어울려 독특한 맛을 내는 절묘한 만둣국이 신기할 만큼 입맛을 당긴다. 그 엄마의 그 딸 아니랄까봐 입맛까지 닮는다. 만두 속을 많이 비벼 큰 주먹만 하게 나누어 비닐봉지에 여러 덩어리 만들어 냉동실에 저장해 놓고 밥 먹기 싫을 때마다 만두피 밀어 끓여 먹는다. 댓 개 사다 먹으면 될 것을, 잔손가는 걸 왜 손수 만드느냐고 식구들은 핀잔이지만 사다 먹으면 기름기가 많아 입안에서 미끌거려 뒷맛이 개운치가 않다. 이렇게 내 손으로 만든 만두가 얼마나 담백하고 시원한지. 특히 멸치국물에 끓여야하고 만두피는 약간 도톰해야하고 한 끼에 열 개면 일인분으로 딱 맞는 나만의 비법까지 생겼다.

만두를 빚을 때마다 생전의 어머니 생각이 새록새록 난다. 내가 초등학교에 입학할 무렵 한국전쟁이 일어났다. 1.4후퇴 때 남쪽으로 피란을 떠나게 되었는데 아버지와 오빠는 미리 부산으로 가셨고, 어머니는 중학생인 언니와 나, 다섯 살짜리 남동생과 두 살짜리 동생은 업고 친척들과 함께 눈이 쌓인 신작로 길을 피난민 따라 걸었다. 두 아이는 짐꾼을 두 사람 사서 짐을 어깨에 메고 그 위에 아이를 얹어 갔는데 또 아기를 업은 엄마는 걸음은 따라잡을 수 없고 아이들과 생이별이 될까봐 애간장이 녹았단다. 무사히 충청도 옥천 고향으로 가서 아버지를 만났을 때의 어머니는 어린 소견에도 피난길 내내 참으로 용감했다. 어디서 그런 용기와 힘이 솟았는지, 닥치면 용쓰게 된다더니 지금 생각해도 위대하시다.

그런 어머니에게 사춘기 때 조금 자랐다고 눈높이를 같이하면서 반항하기 시작했다. 여러 형제들 틈에서 쪼들리며 사는 생활에 짜증이 났기 때문이다. 이때마다 큰 소리 한 번, 매 한 번도 들지 않고 육남매를 열심히 키워주셨다. 이제 생각해 보니 여러 형제들이 서로 뭉쳐 살 때의 협동심이 새로운 맛으로 작용된다는 것을 잡동사니 재료들로 양푼의 만두 속 버무려 만들며 부모나 자식들이나 저절로 익혀 갔던 것 같다. 만두피로 가족의 흉허물까지 모두 싸서 오묘한 만두 맛을 터득했던 것처럼 식구들의 화목을 행복 조건 1위로 아셨던 것 같다.

그 후, 동생들이 대학을 다닐 때였다. 아버지가 돌아가신 후, 집안 살림을 혼자 꾸려 가실 때였는데 하루는 친정에 들렀더니 밤 자정에 흐느끼며 우셨다. 놀라 어머니를 진정시켜 드리며 여쭈워 보니 동생들 대학등록금이 마감 날이 다 차도록 마련되지 않아 발을 동동 구르시는 거였다. 나는 어머니가 우시는 것을 처음 목격했는데 그렇게 초라하고 왜소할 수가 없었다. 그렇게 작아진 분의 어깨에 이렇게 무거운 짐을 지고 계신 모성을 실감하며 처음 안아드렸을 때를 기억한다. 가족 모두 낙오되지 않게 보살피던 부모님은 이렇게 열심히 사셨다. 우리 형제들도 부모를 본받아 열심히 살았다.

어머니가 점점 쇠약해지면서 마음이 초조해 지기 시작했다. 효도는커녕 내 살림살이가 버거워 자주 돌보아 드릴 수 없음에 내내 마음 한쪽이 시리고 아파도 그냥 바라볼 수밖에 없던 딸, 그런 딸을 야속해 하기보다 위로만 해 주던 어머니.

타계하신 후론 내가 위급할 때마다 가끔 기대고 의지하고 싶어도, 삶의 지혜를 의논해 보고 싶어도 계시지 않았다. 그로부터 어머니 행적을 교과서로 삼아 대입해 보는 버릇이 생겼다. '어머니가 지금의 내 나이였을 때 무엇을 어떻게 하셨더라, 이런 상황은 이렇게 해결 하셨었지' 하고 생각을 떠 올렸다. 그때마다 내가 직접 경험해 보는 부모의 자리가 그렇게 진자리여서 가슴이 뭉클하여 죄스럽기까지 하다. 그 어려운 고비를 내색 한번 없이 어떻게 견디셨을까로 마음이 아려올 때도 많다. 육아, 요리 ,솜씨, 맵시 모두 어머니를 답습해 보는 삶에 익숙해 있었는데 거의 실수가 없었으니 평생의 선생님이시다. 그러면서 그리움 반, 흉도 반, 되새겨 보며 산다.

이제 자식들 다 키워 제 짝 찾아주고 양가 부모님도 모두 북망산에 가셨으니 나를 위한 가벼운 삶이 올 것을 기대 했지만 세월 이기는 장사 없어 이제는 또 몸과 마음을 추스려야 할 때가 왔나 보다. 사지육신 멀쩡할 땐 내가 잘나서 잘 사는 줄 알았다. 삭신이 쑤시고 아침 저녁 보조 약을 먹으며 살게 되니 어떻게 처신하고 살아야 몸의 기력이 다할 때까지 자존과 긍지를 가지고 나머지 생을 버텨 볼까. 석양만 봐도 서글픔이 오고, 가을 낙엽만 보아도 예사로 보이지 않는 요즘, 이 우울증을 어머니는 또 어떻게 극복했을까. 이제는 거울 앞에만 서도 어머니와 꼭 닮아가는 딸의 모습까지 보게 되고, 이렇게 온 종일 또 추억해 보며 만둣국을 끓인다. 어머니의 향기가 날 듯하여 김이 모락모락 나는 만두를 수저로 가운데를 눌러 초간장을 찍어 한 입 넣었는데 어째 목이 멘다.

93세까지 약간의 치매 말고는 건강하다가 잠자듯 돌아가신 어머니. 그 분의 장수가 내 장수의 비결이 되어 90평생 건강은 염려하지 않아도 될 것 같아 위안을 삼아 보려는데 입 속의 만두가 목젖에 또 걸린다.

두루마리 화장지

밤 10시가 넘어 전화벨이 울리고 딸애의 목소리가 들린다. 사위가 어제부터 배가 아팠는데 소화불량인 줄 알았더니 점점 장이 아프단다. 이제는 먹지도 못하고 열도 있어 물수건을 머리에 얹고 있다고 한다. 전화 수화기를 놓자 딸네 집으로 차를 몰았다. 사위는 입술이 바짝 마른 폼이 아픔을 많이 참은 듯하여 급히 집 근처 큰 병원의 응급실로 데리고 갔다. C.T 촬영검사 결과 맹장염이란다. 곧바로 입원 수속을 하고 맹장수술이 두 건이나 밀려 있어 세 번째 순서까지 기다려야했다. 수술을 하려면 또 여러 검사도 해야 하는데 자정이 넘은 시각인데도 응급 환자들이 많아 보호자들과 함께 응급실도 북적거렸다

딸애는 나와 함께 있어 안심하는 내색이고 장모 앞에서 신참내기 사위는 아픔을 참으면서도 웃는 얼굴로 대

하려니 고맙기는 해도 더욱 안쓰럽다. 갑자기 당한 수술이라 본인인들 얼마나 놀라고 당황할까. 순서를 기다리는 동안만이라도 마음을 달래주고 싶었다.

"자네처럼 나도 결혼 전에 갑자기 배가 아파 병원에 들렀다가 맹장수술을 했었지. 수술이 끝나고 병실로 옮겨졌는데 눈을 떠보니 외할머님이 병실을 지키고 계셨어. 그날 밤, 나는 아파서 꼼짝도 못하는데 외할머니가 환자 침대 위로 엉거주춤 올라오시는 거야. 그리고는 발치 한쪽 끝에 두루마리 화장지를 베개 삼아 베고 누워 주무시지 않겠어. 침대 밑으로 떨어지실 까봐 마음이 조마조마 했는데 할머니는 잘도 주무셨지. 가끔 코도 골면서 말이야. 링거 주사 바늘만 내 팔에 꽂혔지 누가 환자인지 분간하기도 어렵겠더라구…" 그때의 장면이 떠올라 웃음을 머금었다.

"장모님, 너무 우스워서 배가 더 당기고 아파요. 하하하, 아야, 아야, 아야." 아픈 배를 쥐고 몸을 비튼다.

"자네, 수술 후에도 그렇게 웃으면 꿰맨 자리 옆구리 터지는 수가 있어. 특히 웃음을 조심해야 해. 알았지?"

"예, 하하하…" 또 웃는다.

수술 후, 웃다가 다시 봉합 수술한 사람이 한 두 사람인가. 진지하게 일렀는데 농담으로 듣지나 않았을까 또 염려되었다.

"어머니, 외할머님 이야기는 생각할수록 웃음이 자꾸 나요."한다. 아픔을 조금이라도 잊게 해 주려던 추억담이 약효가 있었나 보다. 딸애도 따라 웃었다.

"수술 환자가 웃음이 나와요? 응급실에서 웃는 환자는 처음이네요." 인턴 의사도 어이없어하며 따라 웃는다. 나 역시 웃으면서도 내심으로는 다시 환자가 된듯하여 착잡한 기분이다.

수술환자의 기분을 당해 보지 않은 사람들이 어찌 알랴. 수술을 준비하는 과정부터가 몹시도 생소한 경험이라 위축이 되는 것을. 전신마취를 한다고 할 때부터 생사의 갈림길을 체험해야 하고, 보호자는 사랑하는 사람의 생명을 책임져야 하는 각서에 사인을 하니 겁에 질려 울상이 되고, 짧은 순간이지만 머릿속은 급한 중에도 삶을 정리해 보느라 바빠지고, 수술침대에 실려 냉기 도는 수술실로 들어 갈 때의 선뜩함을 누가 어찌 알랴. 병원의 그 많은 사람들이 복도에서나 엘리베이터에서 수술 침대와 마주칠 때마다 무심한 시선으로 스쳐 지나갈 뿐이다. 아마 사위도 수술실로 갈 때까지 이런 만감이 교차하겠지.

다음날 새벽, 수술실로 환자를 보내고는 딸애와 수술실 옆 보호자 대기실로 갔다. 수술이 잘 되기를 바라는 간절한 마음은 내 뱃속에서 나온 자식처럼 마음이 쓰리고 아프다. 혈연의 인연이란 남의 배로 낳았어도 똑 같은 것을 실감하며 한 식구의 결속도 체험하게 된다.

수술이 잘 되었다는 간호사의 알림을 듣고서야 한숨 돌리고, 집에 들러 입원 살림들을 챙겼다. 두루마리 화장지도 두개 더 넣었다. 하나는 화장실용, 또 하나는 보호자 베개용이다. 그러면서 친정어머니가 몹시도 그리워진다.

친정은 아들 셋, 딸 셋의 육 남매를 두었는데 어머니는 아홉 손주를 해산할 때마다 산부인과 입원 뒷바라지를 했다. 또 자식들 이런 저런 병으로 툭하면 입원하고 수술하고 그때마다 단골 간병인이셨다. 어떤 자식이 어느 병원에 입원했다는 소식을 듣기만 하면 당신이 필요한 칫솔이며, 물주전자, 병따개, 통조림 따개, 과도, 이쑤시개, 면타올 등을 챙겨 넣은 백을 들고 달려 오셨다. 특히 셋째인 나는 맹장을 시작으로 아이들 둘을 낳았고 뱃속의 물혹 때문에 두 번이나 개복 수술을 했기에 어머니와는 더욱 병원 생활에 친숙한 사이가 되어 있었다. 내가 회복실에서 마취가 깨고 병실로 오면 어머니는 언제나 "그래, 애썼구나. 장하다, 내 딸아. 주님, 감사 하옵나이다. 아멘." 하고는 성경책을 뒤적이신다. 입원할 때마다 똑 같이 반복되는 일과에 단연 프로급이시다. 그리고는 짬만 나면 환자의 침대 발치에다 한쪽으로는 머리를 두고 다른 한쪽 침대 모서리에 발을 얹어 넣고는 새우잠을 주무신다. 아마 나도 어머니도 불편했을 텐데 침대에 올라와 주무시는 어머니 때문에 발을 잘 뻗지 못해도 발끝에 감지되는 엄마의 온기만으로도 아픔이 훨씬 덜했다. 연로하신 어머니가 힘이 드실까 봐 깨우지 않으려고 살짝만 움직여도 '어떻게 해 주랴, 잘도 참는구나.' 하고 화답해 주신 엄마. 그럴 때면 병에 대한 겁도 아픔도 다 어디로 가고 엄마 품속에 있는 것처럼 시름을 다 잊을 수 있던 환자 침대였다.

지금 와서 보니, 옛날 환자 침대는 더 컸었는지는 몰라도 혼자 쓰기에도 넉넉지 않은 공간인데 아무리 몸집이 작아도 어떻게 모녀가 함께 잠을 잘 수 있었단 말인가.

그때는 보호자용 간이침대도 없었고 철제 의자 한 개가 고작이었던 불편하기 짝이 없던 병실이었다. 간호사들이 체온이라도 재러 올 시간이면 미리 침대에서 내려가 정돈을 깔끔하게 해 놓고는 나가면 또 쌕쌕 주무신다. 그렇게 잘 주무셔서 이 부실한 딸은 병간호에 시달리는 어머니에게 덜 미안했었다. 그 뿐인가. 어머니의 잠은 문병 오는 친지들에게도 '여기가 호텔인 줄 아시나 보다.'고 하면서 재미있는 화재로 웃음을 선사해 주었다. 그 이야기가 또 아픈 손주 사위에게까지 덜 아프게 해 주다니. 나흘 동안 입원해 있으면서 간호하러 오셨던 할머님의 잠자는 모습을 떠올릴 때면 웃음이 나서 수술자리 터질까봐 애를 먹었단다.

병실에 들를 때마다 화장지 베개를 보고는 고추 세워 비어보았다. 예전에 어머니가 베고 계신 모습은 참으로 편안해 보였는데 딱딱한 마구리가 머리에 배기고, 옆으로 눠어 베어보니 여분이 없어 돌아누울 때마다 굴러다닌다. 뭉클한 것이 가슴에 치받치고 눈시울이 뜨겁다. 대용품으로 없는 것보다는 편했지만 불편하기 짝이 없는 이 베개를 베고 병구완하느라 고달팠을 어머니가 조는 것은 당연한 일이었다. '네가 수술했는데 왜 내가 힘이 빠지는구나'하며 한시름 놓고 눈을 잠깐 부친 것을 철없는 딸은 '잠보'라고 놀렸으니. 또 지금은 산후 조리원이 있을 만큼 힘에 겨운 산바라지를 손자 낳았다고 싱글벙글 하시면서 열심히 해 주었는데도, 평소에 엄마의 세 째 자식이라 덤으로 키워 주었다고 가끔 투정만 부렸던 딸이다. 이렇게 신역이 고된 보호자 역할을 매번 감당해 주셨던 친정어머니가 보고 싶다.

퇴원하던 날, 두루마리 화장지를 또 짐 꾸러미 속에 넣으면서, 어머니가 유독 병실에서 잠을 잘 주무신 것은 예민한 환자에게 보호자의 행동이 쾌유에 얼마나 영향이 좌우된다는 것을 아신 어머니가 환자를 안심시키기 위한 위장이었던 것은 아니었을까 하는 생각에 미친다. 또 자식의 아픔을 함께 앓고 계신 어머니도 간병인 없는 환자이셨을 게다. 완쾌되기를 간절히 비는 엄마의 기도를 눈치 채지 않게 엄마는 잠자는 척하셨을 지도 모른다. 내가 우스갯소리로 환자인 사위를 주책없이 웃겨 보인 것처럼, 환자가 궁금해 매일 병원으로 출근한 것처럼, 간호한다고 하룻밤 같이 자 준 일도 없었는데도 '백년지객'이란 사위래서였는지 마음 한 편으로는 여간 조심스러워 퇴원하고는 안도의 한숨과 몸살까지 몰래 앓았던 것처럼 말이다.

부모의 정성만큼 자식의 건강에 특효약이 세상에 또 있던가. 어머니의 지극하신 병간호로 지금까지 산후통 한 번 앓지 않고 무탈하게 잘 살아오지 않았던가. 미래의 삶의 도전으로 항상 스트레스에 노출된 자식들이 고달픈 직장생활과 새 가정생활로 지칠 때 어딘가 허약해진 곳을 찾아 병도 발병했을 것이다. 몸보신이라도 해 주려면 한방에 찾아가 보약이라도 한재 지어 보낼까? 곰국이라도 한 솥 끓여 보낼까?

친구야, 사랑해

정겹고 그리운 친구야, 어릴 때 만나고 늙어서 만났는데도 바로 엊그제 만났던 것처럼 반갑기만 했었다. 미국 LA에서 가졌던 동창회에서 너를 반갑게 만난 후, 서울에 와서도 네 생각을 많이 했었다. 그동안 너와 가족들 모두 잘 지냈겠지. 건강도 많이 회복되었겠구나. 너를 만나고 돌아와서 친지들에게 옛 친구를 반세기 만에 찾았노라고 자랑하고 다녔다. 그것도 멀리 타국에서 극적으로 만났었다고. 동창회보다 더 보람 있었다고. 그러면서 어렴풋하고 막연하기만 했던 너와의 옛 인연을 다시 떠 올려 보고 있었다. 인연이란 내가 세상에서 사라질 때까지 놓쳐지지 않는 끈이기에 좋은 인연은 오래 간직하고픈 소망이 아니겠니?.

국제 동문회로 서울에서 미국 LA로 출발한 20명이 5박 6일의 서부 관광을 마치고, 해외 동포가 된 그곳 10여명의 동기들이 예약해 둔 환영회장으로 발길을 재촉했었지. 실내에 들어서는데 누군가 어깨를 툭 치며 이름을 부른다. 아! 뜻밖에 너였다. 동창들과 39년만의 만남이었으니 "어머, OO이구나". 놀라움으로 너를 바라보는 나에게 "그동안 잘 지냈니?"하며 며칠 전에 본 친구 대하듯 활짝 웃더구나.

"응, 너도?" 하며 따라 웃었지.

"이곳엔 언제부터들 이렇게 와서 살았니?" 모두들 반가운 마음은 눈빛마다 넘치는데, 이 얼굴 저 얼굴 들여다 보아도 너무 오랜만에 만난 얼굴들이라 가슴에 단 이름표가 아니면 잘 알아 볼 수도 없었다. 뷔페 접시를 들고 한 줄로 나란히 서서 순서를 기다리는데 타임머신을 함께 탄 것 같은 환상에 젖었어. 반세기를 훌쩍 뛰어 넘어 만났으니 다시 생소해진 옛 추억들을 더듬어 익히느라 텅 빈 머릿속은 끙끙댔었지. 식사를 하면서도 계속 혼란스러웠단다.

더욱이 너와의 만남이라니! 너를 만났던 것이 언제부터였더라?

너와 친해진 것은 중학교에 입학하고, 1학년 1반이 되면서였어. 후암동에 있는 학교에서 을지로6가 까지 전차를 타고 다녔었지. 장충공원에 위치한 너의 집과 약수동에 있는 우리 집이 갈라지는 장충단 공원까지 학급에서 일어났던 사건들을 들추어 이야기하며 깔깔대고 웃으며 걸었잖니. 한 시간이 더 걸리는 하교 길에서 길동무로 단짝을 만나 마음까지 척척 알아주는 너를 무척이나 좋아했었단다.

"나, 얼마 전에도 네 생각을 했다." 음식을 접시에 담으면서 너는 속삭였지.

"정말?" "나도 그랬는데…" 가슴이 또 콩닥거리고 뛰더구나. 가끔 고교 동창들의 소식을 접할 때마다 희미한 네 모습이 스치는 것은 옷깃만 스쳐도 인연이란 옛말 때문이었을까.

"너의 언니 잘 계시니?" 네 말에 "응." 나는 까맣게 잊었던 옛날이야기에 놀라웠다. 네가 옛 추억을 들추어가며 우리의 우정을 되새겨보는 것도, 몇 십 년 만에 만난 우리의 서먹한 우정을 나누어 보려는 심사인 것을 내가 왜 모르겠니. 40년 동안 서로 다른 환경에서 살아 온 우리들이라 그저 빙그레 웃고만 말았다.

나는 세상 만물에만 대칭이 있는 줄 알았다. 그래야 안정적으로 균형이 이루어지기 때문이지. 그런데 영적인 교감도 대칭이 있었구나. 너와 내가 함께했던 추억들이 먼 훗날까지 서로 똑 같은 심정으로 잠재해 있었다는 텔레

파시 말이야.

그래서 사람들은 시간과 공간을 초월해서 먼 훗날까지도 마음속의 무게만큼 상대방 마음속에 그 만큼의 무게로 대칭의 거리에 있었다가 기회가 올 때 자석처럼 서로 당겨 만나게 되는 것을 체험한 셈이다. OO아, 너를 다시 만났던 동문회 때의 반가움과 함께 전 모습 그대로의 네가 또 어느새 엉겁결에 헤어져야하는 현실에 반가웠다는 인사도 변변히 못하고 또 잘 있으라는 말밖에 할 줄 몰랐다 .

너의 핼쑥한 모습은 정말 가슴이 찡하며 아팠다. 투병생활을 하고 있었기 때문이야. 그래도 너를 만나 즐거운 여행도 함께 할 수 있어 참으로 기뻤다. 희끗희끗한 머리카락 휘날리며 어깨동무를 하고 스냅 사진도 찍었지.

이렇게 아름다운 추억을 만들어 준 친구야, 사랑해.

오라버니

미국에 사는 오라버니께 안부 전화를 드렸다. 요사이 오래 앓던 당뇨의 합병증으로 한쪽 눈이 잘 보이지 않는다고 하신다. 심란한 심사가 가슴을 짓누른다. 자동차가 신발인 미국생활에서 혹여 시력 때문에 운전이라도 할 수 없어 거동에 지장이라도 있으면 어쩌나. 이제까지 몸소 어떤 일이든지 개척하며 이루어 내고 살았던 분이셨는데. 병마에 이기는 장사 없다고 했지. 어떤 말로도 위로가 될 것 같지 않아 난감해서 눈물만 찔끔거리며 다른 식구들 안부만 연신 물어댔다.

한국 전쟁 때, 17세의 나이로 고등학생이었던 오빠는 피난처에서 미군 부대 장성의 통역을 했고, 그때부터 부모 곁을 떠나 독립을 했다. 아르바이트로 학원 강사를 하여 대학교 진학도 했고, 미국에 유학하여 박사학위도 취득하셨다. 그곳 대학의 교수가 되었고 결혼 하여 가정을 꾸리고도 맏형으로 생계비의 일부를 몇 년을 더 고국 집으로 보내 준 효자. 그동안 부모님과 형제들에게 연하장으로 서로가 소식을 전하며 살아왔는데 이 무슨 섭섭한 소식인가.

1983년도, 형제 중 셋째인 내가, 남편이 교환교수로 미국을 선택하여 미시간 주에 일 년 동안 머물게 되었다. 부부와 딸, 아들, 네 식구는 오빠가 계시다는 것에 위안을 삼으며 오하이오 주에 사는 오빠 댁에 도착했다. 여행관광이 지금처럼 자유롭지 못했던 때라, 해외에 나가기가 무척 힘들 때여서 오빠와 20여년 만에 만난 나는 이산가족 상봉하듯 했다. 웬 중년 신사가 마중을 나와 오빠라 했다. 옛 얼굴을 찾아 서로 그렇게 흘금흘금 눈치 보면서 설레고 낯설어 애를 써도 옛 모습은 잘 보이지 않고, 운전대에 놓여있는 새끼손가락 약간 휜 것만 닮아 웃음을 지었던 그 심중을 남매나 알지 누가 알랴. 동생의 타국 생활을 염려하여 우선 당신 집에 데려다 놓고, 살림살이 챙겨주고, 댓 시간을 고속 질주해야하는 미시간에 데려다 놓고는 아파트도 세 얻어 주고, 아이들 학교 전학 절차

봐아주고, 먹거리며 생활용품들 장만해 주고 다시 오하이오로 돌아간 오빠 내외. 그렇게도 세심하고 자상했던 그 분들을 떠 올려 본다.

며칠을 함께 지내며 유학시절의 힘겨웠던 추억담이며 그동안 이국생활에서의 고충들로 회포도 풀었다. 학생 장학금에서 매달 100불씩 떼어 서울 집에 보내느라 생활비 지출이 많았던 달엔 식권을 한 달 치를 사 놓고 겨우 연명했다는 이야기엔 목이 메었다. 부자 나라 시민이 되어 풍족하게 잘 사는 줄 알았던 오빠는 자동차 석유 한 방울 값이라도 아끼기 위해 더 먼 거리의 주유소라도 싼 곳이 있으면 찾아가고, 가는 동안의 소비되는 석유 값이 더 될 것이라고 놀리는 조카들이며, … 그렇게 해서 안정된 생활을 꾸려가는 오빠의 헌신적인 노력이 피붙이인 고국의 동생들에게 까지 등대지기가 되어 그렇게 버팀목 역할을 힘겹게 담당하고 계셨구나.

내가 형제들 중에서 오빠를 더욱 각별히 기억하는 것은 9년의 나이 터울과 무관하지 않다. 내가 태어났을 때, 어머니가 급한 볼 일이 있어 열 살짜리인 오빠에게 아기를 맡기고 잠깐 외출하고 돌아오면 대문 앞에서 뙤약볕에 우는 아기를 안고 달래며 얼굴들이 빨갛게 익어 안고 있더란다. 그렇게 아기였을 때부터 돌보아 주어야할 동생이었다. 6 · 25 전쟁 때, 피란을 떠날 때도 아버지와 어머니는 동생들을 한명씩 업고 안고, 중학교 일학년인 언니는 혼자 걸어서 따라다녔고, 여덟 살인 나는 열일곱 살인 오빠가 손을 잡고 피난을 다녔던 기억이 난다. 중학교에 다닐 때는 오빠가 학원 강사로 인기가 한창이었을 때였다. 바쁘면 집에 오지 못하실 때가 많아 갈아입을 옷이며 심부름을 하교 때마다 했다. 그럴 때면 오빠는 학원 근처에 있는 한강에 데리고 나가 수영도 하고 나룻배도 태워 주고, 읽고 싶은 책도, 맛있는 음식도 사 주었다. 영어나 수학들을 학원 수업에 참관시켜 주기도 했었는데 수업을 다 마치면 함께 늦은 귀가를 했다. 전차를 타면 구걸하는 사람들이 많았던 시절이었다. 주머니 뒤져 잔돈을 모두 건네주던 오빠, 받는 손 미안해 할까봐 저만큼 돌아 서 준 그 남자는 총각 선생님을 짝사랑 해 보던 사춘기 때의 소녀들처럼 나에게는 늘 '백마 탄 왕자'였다. '욘사마' 배용준 보다 더 미남자였던 왕자님. 미국 유학을 떠날 때도 '… 그렇게 하면 된다'로 꿈을 실현하는 모습을 실천해 보여준 분이다.

“오빠, 건강을 더 챙기셔야겠어요.” 하니 “이 나이에 완쾌까지야 바라겠니? 한쪽 눈도 또 백내장 수술을 내일 하기로 했다. 조금이라도 잘 보였으면 한다만 크게 기대하지는 말란다.”

이제 삶의 무거웠던 짐들 많이 완수하고 당신만을 위해 살아 볼 연세인데.

오빠, 뚝심으로 잘 버티실 거지요?. 저도 이순의 나이가 되어보니 몸도 이곳저곳 쑤시고 덜그럭거려 젊었을 때처럼 온전한 몸으로 살기는 틀렸나 봐요. 요즘은 눈도 침침해지고 해서 마음으로 세상을 들여다보는 연습을 하고 있어요. 심안(心眼)으로 세상을 바라보기 시작했어요. 그랬더니 이제까지 무심히 보았던 사물들이 모두 의미가 있었더군요. 그 뜻들을 음미할 때마다 새로운 감동으로 감격 할 때가 많아졌어요. 새로운 세상으로 진입한 것이지요.

“이국땅에서 내가 정년퇴직할 때까지 직장에 다니면 본토박이들이 나 보고 질기다고 하겠지? 지난날 곧 잘 농담으로 이야기 하셨는데 건강하게 잘 버텨주셨네요. 정말 축하해요.” 했더니 하하 웃으시면서 “그래, 무사히 마쳤으니 축하할 일이네. 고마워. 살고 보니 젊었을 때라면 요즘 같이 할 일이 없었으면 심심했겠지. 그런데 아침 식후 운동하고, 오후엔 잔디 깎고, 집안의 잔일들도 거들고, 저녁식사하면서 가족과 담소하는 일정이 지금의 나이엔 꼭 알맞아. 걱정 말아라. 건강이 허락하는 대로 즐겁게 살란다”하신다.

오빠의 근황을 들으면서 자연과 더불어 만추의 멋을 닮아가는 오빠의 삶이 곧 내가 뒤 따라 갈 자연의 계절인 것을 깨닫게 된다.

내리사랑이라고 오빠도 부모님 같이 생각하고는 동생들 보살펴 준 것들을 자기들 살 길 바빠 모두 잊고 살았었는데. 이제야 한 나무에서 태어나 자란 인연으로 볕 쪼이게 도와주신 당신께 진심으로 감사를 드립니다.

만수무강 하십시오. 영원한 나의 ‘백마 탄 왕자님’은 여전히 가슴 조이며 애 태우게 하는 그대이십니다.

남편의 외도

우리 집에는 난실이 있고 난이 400~500분 된다.난대 위에 나란히 줄 서있는 모습으로 난분마다 이름표를 달고 있다. '91.3.20. 고창'이란 식의 이름표. 91년 3월20일에 고창이란 고장에서 산채 하였다는 표시이다.

난과의 인연은 신 교수님께서 기르던 중국 난 "옥화" 한 분을 선물로 가지고 왔을 때부터 인데 선물로 받기는 했지만 어떻게 키워야 할지가 걱정이었다.

'성의를 봐서 라도 말려버리거나 썩혀 버리면 안 될 터인데' 하고 그날부터 선물 받은 기쁨보다 염려가 앞을 선 남편이 내심 걱정이 되었던지 오며 가며 들여다보면서 물도 주고 먼지도 닦아주고 했다. 혹시라도 잘못되면 원망이 물 준 사람에게 올 것 같아 나는 아예 처음부터 모른척하고 눈치도 보지 않았다. 그이는 신 교수님에게 전화로 물어가며 열심히 키우더니 어느 날 난 가게에서 서너 분을 더 사왔다. 한 분이나 댓 분이나 공들이는 정성은 마찬가지였으므로 몇 분 더 키워 보겠다고.

정성만큼 난은 잘 자라 주어 꽃대가 올라오고 꽃을 피우는 것이 아닌가. 수줍은 색시로 우리 집에 그윽한 향을 안겨주는 '옥화'에 식구들은 탄성을 지르고. 꽃을 본 후 점점 재미가 붙은 남편은 용돈으로 자꾸 난을 사다 늘리기 시작했다. 그러더니 다음해 봄부터는 아예 우리나라 춘란을 캐러 '난우회 동지'들과 지리산 자락을 매 주마다 누비게 되었다.

꽃피는 봄철에는 본래 녹색의 꽃잎인데 홍 화, 주금 화, 복색 화, 황 화 등 여러 가지 꽃 색깔의 변이 종을 찾아다니고 여름, 가을, 겨울철은 특이한 무늬의 엽예품 들을 찾아 나선 것이 올해로 8년째나 된다.

주택인 우리 집은 거실에서 키우다가 이층 발코니를 난실로 꾸몄다. 온도계가 있고 크고 작은 환풍기며 선풍기, 자외선 형광 등, 전기스토브, 습도 조절기 등을 모두 자동으로 설치해 놓고 매일 일손이 바빠진 남편. 처음 난이 너 댓 분이었을 때는 나도 가냘프고 날렵한 잎이 포물선으로 쭉 뻗은 잎 끝이며 안아 핀 꽃의 향내며 꽃대 위에 매달린 물방울 구슬로 도자기그릇에 담겨 옛 선비들의 애물단지 노릇했던 그 그윽한 교태에 흠뻑 빠져 매일 이리 보고 저리 보고 했는데 매주 댓 포기 씩 산채하여 심어다 늘어놓으니 이제는 너무 많고 잔손이 많이 가서 애정이 많이 식었다. 그런데 남편의 애정은 가속도가 붙어 난을 기르는 취미에 세월 가는 것도 잊는다.

그이는 난을 기르면서 처음에는 나를 여느 때처럼 조수로 삼으려했던 모양인데 조금만 마음에 들지 않으면 탓하기 시작하더니 부부싸움이 잦아지고 그럴 때마다 난이 불청객이 되어 나의 시앗이 되고 말았다. 집에만 있으면 바빠지는 그의 손길은 때맞추어 물주기, 비료 주기, 농약 주기, 분갈이하기, 누런 마른 잎 떼기, 통풍 때문에 창문을 열었다 닫았다, 햇빛 가리개로 덮었다 벗겼다 하고, 주말마다 산채 다니기 바쁘다. 집안일엔 손끝 하나도 건드리기 싫어하던 남편의 외도는 식구들을 모두 놀라게 했는데 그중 시어머님께서 고향에서 혼자 생활하셔도 문안인사도 자주 안하던 아들의 이변에 깜짝 놀라시며 "난한테 쏟는 정 쬐그만큼이라도 에미한테 쏟아봐라" 하고 핀잔을 주고, '저런 애틋한 정이 정말 있었나?' 하고 나도 아이들도 한방 얻어맞은 기분에 그동안 기만당한 느낌마저 들었다.

본래 외곬인 남편의 성격은 연애할 때도 도서관에 데려다 옆에 앉혀놓고 공부를 하더니, 학문에 몰두하여 직업도 선생이 되었더니, 취미도 낚시면 밤낚시 까지,당구도 밤을 새워가며 하고, 삶의 융통을 몰라 여름에 가서야 겨울옷을 벗고 겨울에 여름옷을 갈아입을 만큼 생활에 길들여지지 못한 그이였다. 그리고는 옆 사람에게 생활의 편린들을 모두 맡기고 살았던, 그러면서 옆 사람의 노고를 전혀 의식조차 하지 못하고 한 가지 일에만 심취하여 살았던 사람이다.

그런데 어느 틈엔가 독불장군이던 그이가 식구들에게 유하게 대하기 시작했다.

난이 까닭 없이 죽어 가면 안타까워 하다가 놓아 버리기도 하고, 병이 나면 부지런히 약을 사용하여 회생하는 기쁨도 맛보게 되고, 환경이 좋을 때 새싹도 나오고, 잘 자라는 것도 직접 보게 되고, 꽃을 피우기 위해 기다림이 있어야하는 삶에 그이가 이유 없이 까탈 부리던 성격이 순해진 것이다.

요즈음은 열심히 키운 난을 나에게 보여주며 자랑하는 재미로 산다. 대견스럽게 자라 꽃대가 올라오고 꽃망울이 터지면 "당신한테 점수 따려고 열심히 꽃 피웠잖아, 자 감상하시랍니다." 하며 화분을 들고 내 코앞에 들이밀며 향내라도 맡아 보란다.

"얼마나 노심초사하며 내 사랑 다 빼앗아 간 너냐? 나는 너 만큼 꽃피울 재간이 없다더냐?" 하며 덤비듯이 턱을 쭉 내밀며 비아냥거려 본다.

"별것을 다 가지고 질투네. 이리 내.당신 훈김 때문에 잎 마르라" 한다.

만물은 봉우리 터질 때가 가장 절정 아닌가. 얇은 하얀 고깔을 쓰고 수줍게 얼굴 내민 그 자태야 말로 질투도 못 낼 만큼 우아한 여인이다.

'흐~음' 경건해 지는 마음으로 가만히 보듬는 나에게

"정말 예쁘지?" 감격해 하는 남편.

그이의 한일자로 꾹 담은 입에서 쑥스러움 없이 한 '예쁘다'는 말을 들은 이 있으면 나와 보십시오.

그 얼굴이 보고 싶다

오늘도 TV에서 아침마당 프로 「그 사람이 보고 싶다」를 본다. 출연자나 시청자나 모두 긴장이 되기 시작한다. 생방송인데다 혹여 아는 분들의 안타까운 사연이라도 접하게 될까봐 찾아주고 싶은 간절한 소망으로 동참하게 된다.

사람을 찾는 쪽에서는 한 결 같이 초조한 표정으로 카메라 렌즈에 시선을 모우고, 5, 6세 때의 기억을 끝 간 데까지 잡아 당겨 부모 형제의 이름을 기억해 낸다. 인간의 지능은 6세에 다 개발된다고 하더니 30년이 지났어도 더듬은 기억들은 거의 확실하게 생각해낸다. 어릴 때 살았던 동네를 지도까지 그려가지고 온 출연자도 있다. 모두들 열심히 이야기하는데 조금 후 전화가 걸려오고

"순이니? 순남 언니야. 작은 언니…"

“언니 맞아?”하고 울먹이며

“아버지 살아계셔?”

“돌아 가셨어”

“어머니는?”

찾은 자매는 반은 울먹이고 반은 웃으며 혼미해지는 자신과 화면을 의식하며 몸을 고추 세우고는 말을 잇지 못한다.

나도 뱃속 어디에선가 쭉 무엇이 밀어 올려지고 눈물이 솟는다.

방청객도 진행자도 모두 눈시울을 훔치다가 출연자가 반가워하며 웃으니 또 함께 따라 웃는다. 매주 시청하다 보니 습관이 되어 더욱 새롭게 눈물의 길이 터져 이젠 마음 놓고 줄줄 눈물이 흘러내린다.

찾은 가족들 상봉하는 화면도 보여준다. 왜 버렸느냐고 묻기도 한다. 여럿 남매들 다 붙잡고 있다가 모두 굶겨 죽일 것 같아 배곯지 말라고 남의 집으로 보냈다고 한다. 양딸로 고아로 떠돌면서 기적같이 살았다. 외로웠는지 결혼도 일찍 하고 남편과 함께 자식들도 데리고 나와 초대면 인사까지 한다. 대부분 대견하기도 하고, 면목 없어 고개 못 드는 부모님과 가족들은 찾은 자식 얼굴 어루만지며 꿈같은 이 순간을 놓칠까봐 애태우는 모습이다. 그 손길들 뵙기가 민망하여 진행자나 시청자나 모두들 또 고개를 떨어뜨린다.

배고픔 보다는 의지할 곳 없는 외로움이 더 힘들었다고 말하는 그들은 '왜 내가 버려졌는가?'를 헤어질 당시의 기억으로 미루어 어렴풋이 짐작은 했지만 '왜 하필 나를 버려야만했는가'가 못내 서운하고 아쉬운 여울목으로 남는 대목이다. 그래도 서로를 찾으니 혈연을 어떻게 잊을 수 있나. 반가움뿐인 것을.

3, 4십년 만에 만난 기쁨은 두려움이나 원망이나 다 녹여 얼싸안고 스튜디오를 떠났다.

그런데 요즘 우리나라에서 또 아이를 버리는 그 지경이 닥치게 되었다. 국제적인 경제전쟁에 휩싸여 IMF 위기를 맞은 것이다.

나라 경제를 위해 노, 사, 정, 합의 하에 기업들이 많이 정리해고를 하기로 결단을 내렸다니 40년 전 가난이 또 대물림이 되는 것은 아닌지?

나는 두렵다. 언제 우리 가정에도 IMF 적군이 대문을 흔들지가 .

어떻게 슬기롭게 대처해야만 할 것인가?

어제 대통령당선자의 '국민과의 대화'를 듣고 오늘 뉴스를 보니 은행원들도 대거 명예퇴직을 하게 됐단다. 3월까지 100만 명 이상의 실직이 될 것 같다니 그 가족들과 함께 사회 전반이 또 무너진 둑이 되어 가정은 해체가 되고 아이들은 보육원등에 맡기거나 버려지게 될 것이다. 그러면 또 '그 얼굴이 보고 싶다' 프로는 언제까지 계속 진행될 것인지?

세계화의 덫 속에 갇힌 우리는 몸부림칠수록 더 옭아짐을 앎으로 이럴 때 일수록 넓은 바다에 몸을 맡기고 정신을 똑바로 차려 자신만 갖는다면 올가미의 한 가닥을 살살 잡아 매듭을 풀어보는 지혜가 떠오를 것이다. 그때에는 또 울고불고 하는 이산가족 찾기가 아닌 만추의 결실로 웃음 짓는 한반도의 '그 얼굴이 보고 싶다.'

꼬리 달린 세탁기

10년을 넘게 사용했던 세탁기가 수명을 다해 처분했다. 주부인 내 곁에서 가장 몸을 아끼지 않고 일만 해온 심복이었다. '때 비눗물' 까지 받아쓰는 내게 투정 한번 없이 속까지 다 내주던 꼬리 달린 세탁기였다. 빨래할 때마다 꼬리를 바닥에 내려놓고 쓰고 사용하지 않을 때는 옆에 걸어 놓고 썼었다. 그 꼬리를 둘둘 말아 옆에 끼워 놓은 꼴이 고양이가 웅크리고 앉아 있는 모습이다. 고양이는 귀엽기라도 하지만 철재로 만들어 딱딱한 외관상이 눈에 띌 때마다 거랑 맞아 보이고 늘어진 호스가 가끔 발에 채이기도 했었다. 우연한 아이디어 발상으로 '때 비눗물 재활용'을 익혀 알뜰하게 실용화하고부터 세탁기 하수 호스를 타일 바닥에 내놓고 쓰기 때문이다.

'때 비눗물 재활용'이란 세탁기에서 빨래하고 버리는

비눗물을 함지박에 받아 놓고 바가지로 퍼가며 다용도로 씀을 말한다. 찌든 때 묻은 세탁물을 담궈 때도 불리고, 매 주마다 산행에서 돌아 온 식구들 등산 가방이며 점퍼, 바지, 양말, 모자 등도 그 물에 주물러 흙먼지를 뺀다. 집 안 청소 할 때도 비눗물에 걸레를 빨아, 방이며 거실바닥이며 닦으면 어지간한 때는 맹물에 빤 걸레 보다 힘들이지 않고 닦여진다. 맑은 물에 걸레 헹구어가며 두어 번 씩 더 닦아내면 뽀드득 소리가 나게 윤기가 난다. 특히 유리창 틀이며 현관 바닥이나 다용도실의 구석에 쌓인 먼지를 청소할 때도 틈에 끼인 때까지 말끔하게 닦여 가슴 속 스트레스까지 시원하게 씻겨 지는 청량감을 맛본다. 쓰레기통들과 담배 재떨이도 그 물에 첨벙 집어넣고 박박 문지르면 반짝반짝 윤기가 나고 슬리퍼나 변기, 욕실 바닥 청소로도 그만이다.

시집간 딸에게도 살림의 지혜를 가르치며 '세탁 비눗물 재활용' 을 제안해 보았다. 엄마는 단독 주택이라 집 공간이 넓어서 가능하지만 작은 아파트에서는 세탁기 놓기도 협소한데 비눗물 받을 그릇 놓을 곳도 마땅치 않다며 시큰둥이다. 엄마도 궁상스럽게 땟물 받지 말고 필요할 때 새 비눗물을 타서 사용하면 땟물이 옮지 않아 더 깨끗이 빨아질 수 있다고도 일러준다.

이번에 새로 사온 기종은 드럼 세탁기다. 외장도 미려하고 빨래도 덜 상한다는 옆구리에 입구가 달린 귀엽기까지 한 녀석이다. 세탁도 더 잘 되는 것 같고, 소음도 덜하다.

그래서 이번 세탁기를 바꾸고는 재활용 비눗물을 받아 쓰지 않았다. 새 비눗물만 다시 풀어쓰기로 했다. 함지박에 새 물을 받아 가루비누를 풀어보니 세탁기에서 받아 쓰던 비눗물만큼 만들려면 빨래 통에 넣던 분량의 절반 이상을 타야만 농도가 맞는다. 나는 깜짝 놀랐다. 이렇게 많은 가루비누를 풀면 물 오염을 얼마나 많이 시키겠는가. 거의 매일 갈아입는 땀 묻은 빨래라 빨래 빤 비눗물이 까맣게 더럽지도 않다.

6개월이 지난 오늘, 나는 새 세탁기의 배수구에 호스를 2m 길이로 더 길게 연결하여 꼬리 달린 세탁기로 만들었다. 백조같이 귀티 나던 세탁기가 꼬리 달린 고양이로 또 변신이 되었다. 그리고 그 앞에 함지박을 놓고 그 속에 꼬리를 집어넣는다. 전원을 작동시키고 빨래를 시작하고

30분쯤 지나자 탈수가 되어 비눗물이 쏟아진다. 다음 차례인 헹굼물 쏟아질 꼬리를 타일 바닥 수채 구멍에 내려놓는다. 새 비눗물 푸는 시간과 힘도 덜 들고, 비누도 절약되고, 집안일도 훨씬 수월하게 처리되니 비눗물이 함지박에 채워질수록 마음도 넉넉해지고 흡족하여 잘한 일인 것 같다. 세탁 비눗물을 한번만 더 재활용 하면 우리나라 세탁비누를 최소한 반은 더 줄일 수 있을 텐데, 안타까운 심정으로 녀석의 꼬리를 바라본다.

수질오염이란 가정에서 쓰고 버리는 생활하수, 산업활동에 의한 산업 폐수, 농축산의 폐수가 하천이나 강에 유입되어 물을 오염시켜 수질이 나빠지는 것을 의미한다. 우리나라에서는 하루 19,724천 톤의 오폐수가 발생하고 있다는데 그중 생활하수가 78%로 가장 많다고 한다. 나는 산업 폐수나 농축산 폐수가 생활하수 보다 더 심각한 줄 알았더니 산업 폐수가 21%, 축산 폐수가 1% 발생되고 있단다. 또 생활하수는 부엌 36%, 화장실 30%, 목욕탕 23%, 세탁 11%의 비율로 발생한다고 한다.

최근 일본 교토에서 열린 '세계 물 포럼' 에 참가한 과학자들의 토론에서 기존 수세식 화장실과 하수 시스템은

물 부족문제를 심화시켜 강을 오염시킨다고 한다. 과학자들이 제안한 대안은 선조들이 쓰던 '뒷간'을 이용하고, 환경 친화적인 하수 시스템을 만들어 배설물을 모아 거름으로 만드는 방식이 많이 논의되었다고도 한다. 일본 화장실 협회는 이번 포럼에서 설거지나 빨래에 사용된 물은 다시 모아 재활용하고 배설물을 발효시켜 연료로 쓸 수 있는 바이오 가스를 만드는 기술이 소개되었단다. 특히 인구가 많고 물이 적은 개발도상국에서 배설물을 처리하는 물 때문에 결과적으로 사람들이 먹을 물이 부족해진다고도 역설했다.

우리나라도 물 부족 국가라고 한다. 연 평균 강수량은 세계 평균 보다 1, 3배 크지만, 높은 인구밀도로 1인당 연 강수량은 세계 평균 1인당 연 강수량의 10%에 불과하다. 그래서 정부에서도 물 관리 정책에 심혈을 기울이는 모양이다. 물의 공급도 중요하지만 부족한 물을 넉넉히 쓰려면 물을 잘 관리해야 할 것이다. 수돗물이나 샘물을 생수로 들이키던 때가 엊그제 같은데, 옹달샘 물 퍼 쓰듯 마냥 쓰던 시대는 이렇게 오염으로 옛말이 되었고 물도 돈 주고 사 먹는 시대가 아닌가. 만물의 생명수인 물 절약은 우리의 생활 습관과도 이렇게 직결된 문제가 되었다.

내가 우연히 발견한 세탁기 세제 절약법으로 국민들이 꼬리 달린 세탁기를 사용만 해도 세탁 11%의 반 정도는 수질오염을 줄일 수 있지 않을까. 하지만 내 주위의 여러 친지들이나 친구들에게 설득해 봐도 풍요 속에 길들여진 사람들의 안일한 습관에는 마이동풍이다. 실제 실천해 보면 장점이 더 많아 나도 궁상떨기 싫어 그만 두려다 또 꼬리를 달았는데도 말이다.

어디 세탁기뿐이겠는가. 새 집, 새 가구, 새 전자 제품들과 새 맛에 살려면 낯 익힐 만하면 고장 나기 시작하고 또 고치려면 새 부속 밖에 없어 못 고친다고 하여 폐기처분해야 한다. 실제 낡아진 고장 난 물품들도 수리하고 닦아가며 살다보면 손 볼 곳도 짐작으로 고치게 되고 경제적 부담감도 덜해 정이 들 때가 더 많았다. 폐품 줄여서 좋고, 경제적 손실도 줄이고, 환경오염도 줄일 수 있어서 더 좋은 재활용법을 익혀가며 살아야겠다.

우리 집은 대체로 물건들을 오래 쓰는 편이다. 폐기처분 할 때 말고는 싫증이 나도 버릴 수도 없다. 정성들여

만든 반찬도 이렇게 저렇게 다시 만들어 먹고, 웬만해서는 버리지 않는다. 그렇다면 진작부터 내게도 꼬리가 달려 있었던 것은 아니었을까.

꼬리를 올려? 내려?

우리는 삶이 고달플 때 '고생 끝에 낙이 온다'는 말을 뇌이며 시름을 달랠 때가 많다. 그리고 기대심리로 희망을 가지고 노력해 보게 된다. 그러나 고생도 고생 나름이다. 과욕으로 인해 사서하는 고생은 오히려 화를 자초하게도 되기 때문이다.

신혼 초부터 우리 부부는 적금을 부었다. 인생의 종자돈을 모은 것이다. 그리고 6년 만에 자그마한 기와집 주택을 장만했다. 2년 후, 또 목돈을 마련하고 은행에서 융자를 얻어 1층은 여러 가구로 설계되어 전세를 주고 2층은 주인이 살게 지은 다가구 주택을 사서 이사를 했다. 집 장만한다고 긴축 생활을 하고나면 교육자인 남편의 봉급으로는 식구들의 생활비도 항상 빠듯한 살림이었다.

동네에 OO상가가 백화점 수준으로 웅장하게 올라가고

있었다. 조그마한 점포 하나 분양 받아 임대하면 매월 생활비에 보탬이 될 것 같아 또 욕심이 생겼다. 꼼꼼히 계산해 본 후에 이 돈 저 돈 끌어 모으고, 은행 융자빚을 갚으려고 모았던 적금까지 합해 조금 더 무리하면 5평짜리 점포를 분양 받을 수 있을 것 같았다. 남편이 극구 말리는데도 출근길에 버스 정류장까지 따라 가면서 졸라댔다. 그렇게 번갯불에 콩 구워 먹듯, 좋은 자리 놓칠세라 급히 매입했다.

그런데 새로 지은 상가라 임대는 잘 이루어지지 않고 매달 상가 관리비만 내게 되었다. 애가 닳기 시작했다. '남편의 말을 들을 걸…' 하고 후회도 잠깐, 월급에서 관리비까지 내다니 생활비 줄이려다 혹을 키운 꼴이 된 셈이다. 안달하는 내가 딱했던지 동대문 시장에서 의류 원단 판매를 하던 시동생이 동업을 하자고 제안했다. 아동복을 거래처에서 구입해 줄테니 형수님은 팔라고 한다.

"장사를? 어떻게?…" 나는 깜짝 놀라 뒤로 몇 발을 내디디며 어안이 벙벙했다. 친정에서도 봉급 받아 사는 부모님만 보고 살았기에 사업 쪽은 생각조차 해 본 일이 없던 터였다. 마침 여고를 졸업하고 집에서 놀던 사촌 시누이가 구직 자리를 찾고 있었다. 그 시누이도 도와주겠다고 한다. 그러면 '나는 저녁 때 수금만 하면 되겠구나' 하는 안이한 발상으로 용기를 내어 상점을 꾸미기 시작했다. '개구쟁이 아동복' 이란 간판도 걸고, 세 사람의 부푼 꿈은 돛을 달고 개업 떡도 돌리면서 출범을 했다.

시동생이 가져다 준 물품들을 진열하려니 총각이라 아이들 옷을 몰라 상품들이 구색이 맞지 않는다. 바지만 구입해 오는가 하면, 색감이 맞지 않고, 다양한 디자인을 선택해 구입해 오지 않으니 고객의 취향에 맞출 수가 없고, 이중으로 주문하여 자꾸만 들여오는 옷값은 천정부지다. 실내 인테리어 값만 해도 꽤 들어갔는데 눈 깜짝 할 사이에 한 달이 지나고 관리비며 인건비며 만만치 않아 점점 좌불안석이 되었다. 뒤끝이 타 들어가니 우선 궁리 끝에 점포에서 필요한 그날그날의 팔 품목들을 골고루 갖추어 구색을 맞추려고 남대문 아동복 상가를 시동생을 따라 다니며 누비기 시작했다. 새벽 4시에 집에서 출발하여 시장에 도착하면 2시간가량 상품을 구매하고 가게에 돌아와서 청소하고 진열하곤 했다. 시누이가 한 달을 채우기도 전부터 점점 힘들어하기 시작한다. 늦잠 자느라 못 나오고, 출근하면 몸단장하랴, 전화 통화하랴, 볼일이 있다고 일찍 퇴근한다. 상점은 매일 문을 열어야 하고, 경험이 없으니 온 손님도 어떻게 서비스를 해야 할지 몰라 끙끙대다가 다 놓쳐 버렸다. 이래저래 적자만 늘어가니 달이 갈 수록 암담하기만 하다. 심신은 지치고 사서하는 고생이라 누구에게 하소연도 못했다. 그렇게 몇 달을 끌다가 적자 운영에 정말 빈 손 털고 시동생 투자 금까지 날려 버릴 것 같아 결단이 필요하게 되었다. 이왕 뽑은 칼 접을 수도 없었다. 월말 계산이 끝나자 시동생과 동업을 해체했다. 시누이도 사표를 받았다. 집안 살림을 시어머니의 고향 친구분을 고용했다. 혼자 해보기로 결심했다.

어떤 이슈로 팔아야 할까? 판매가격은 얼마를 받고 팔아야 적정한 걸까? 이 적자를 어떻게 꾸려야 할까? 망망대해(茫茫大海)에 조각배를 띄어 놓고 과연 혼자 항해할 수는 있을 것인가? 어느 쪽으로 노를 저어야 할지조차 암담하다. 의류는 3할 장사라 했다. 아동복은 몇 달 경험으로 바지가 제일 기본인 것을 알았으므로 바지를 골고루 구입해서 1할만 남기자. 그래서 싼 가게의 인식을 심어 박리다매하기로 마음을 다잡았다. '젊어서는 고생을 사서

하라' 고도 했던가? 이 속담이 위안이 되어 그렇게 가슴에 와 닿을 수가 없다.

새벽부터 밤 9시에 셔터를 내릴 때까지 꼬박 가게를 지키고 나면 온 몸이 파김치가 된다. 그러면서 많은 삶의 갈등들을 겪게 되었다. 초등학교 다니는 두 아이들 보살펴 주느라 아침 식사 때면 꼭 집에 들러 오전반 수업 준비물 챙겨 주고, 오후반 수업 받을 아이 과제물들 준비해 놓고, 간식거리들을 챙겨주곤 했는데도 하교하면 엄마가 집에 없다고 서운해 했다. 남편은 집에 손님이라도 오면 내가 집에 없어 들렀다가 그냥 갔다고 역정이다. 도우미 할머니도 찬거리며 생활 용품들을 부지런히 사다 주어야 하고, 눈치 보아 힘든 일들은 틈나는 대로 도와주며 위로해 주어야지 그렇지 않으면 입이 댓 발씩 나오곤 했다. 항상 상품 구입 값이 모자라 동동거렸고, 교환 물품을 도매상에 반품하러 갈 때면 바꾸어 주지 않을까 봐 늘 마음을 졸였다. 항상 신제품 옷들은 상전이라 때라도 묻을 까 봐 안달이고 그래서 구매자에게 밑지지만 않으면 팔아야 했다. 월말 계산은 어찌된 셈인지 열심히 판매한 것 같은데도 노동한 품삯만큼만 벌리는 중노동이었다. 금전이 투자되니 소홀히 하여 손해 볼까봐 긴장이 되고, 이익을 남겨야하는 상거래 원칙은 가벼운 호기심으로 치기어리게 덤비는 것이 아니었다. 고생이 고생을 부른 셈이었다. 그러면서 번 것은 당연하고. 밑진 것은 아쉽기만 한 장사꾼이 되었다. 단골도 생기고 돈도 조금씩 모이기 시작했다. 이렇게 위기를 극복하며 산전수전 겪으면서 7년을 했다.

그 OO상가는 더 발전하지 못하고 점점 상인들이 나가고 나중에는 매장의 1/4가량만 남았다. 7년 만에 상가의 존폐가 거론되고 건물주는 팔 사람은 산값의 반값 만 주겠단다. 다른 부동산들은 7년 동안 두배 세배씩 올랐는데 반값에 팔았으니 보통 낭패가 아니었다. 그나마 점포에서 영업을 했으니 망정이지, 자칫하다 고생 끝에 더 큰 고생이 올 뻔했다. 그래서 미운 정, 고운 정, 다 들었던 점포를 팔았다. 나는 그때의 손익계산은 모른다. 그 동안의 집 담보 이자며 매장 분양가의 손해를 따지면 어처구니없는 계산이었지만 빚도 다 갚고 집도 타 동네로 이사를 했다. 남편은 부지런히 벌어다 준 봉급으로 빚을 갚았다고 하고 나는 점포에서 벌어서 갚았다고 우긴다. 그 동안의 노력과 땀을 생각하면 고생을 사서 한 것 같아 쓴웃음도 나오지만 그래도 고생을 사서 잃은 것 보다는 얻은 것이 더 많았다. 내 삶의 그릇이 많이 커졌다. 많은 사람들을 만나다 보니 그들의 삶의 애환이 모두 내 것이 되었다. 노동의 수고가 이토록 뿌듯하고 값진 보람으로 댓가를 준다는 것도, 상대방의 의견에 귀 기울일 줄도 알게 되고, 만사에 신중하게 되었다. 나도 무엇인가 할 수 있다는 자신감, 하면 된다는 도전의 정신은 겁 없는 아줌마로 만들었다. 정리하고 보니 아쉬움은 남았지만 그 동안 매어있던 몸도 마음도 홀가분해져 나의 과욕은 끝이 났다.

과욕도 과욕 나름이다. 과욕을 부려 성공한 사례도 많다. 그것은 남이 모르게 꾸준히 노력하며 설계해 왔던 사람이 어느날 과감하게 행동했던 실천 의지였고, 나의 경우는 주먹구구로 실천에 옮긴 요행을 바라는 과욕이었던 것 같다. 이런 반성과 함께 헛된 과욕을 부리는 일은 말아야겠다는 혹독한 교훈을 얻었다.

그런데 팔자소관인가 보다. 사서하는 고생을 또 자처하고 있다. 아집(我執)으로 밀어붙이다 그렇게 혼이 나고도 요즘 또 남편과 의견이 일치되지 않아 싸우고 있다. 남편의 정년퇴직을 앞두고 노후 대책으로 내 세운 나의 계획이 지금 살고 있는 이 주택을 다세대로 짓자는 것이다. 남편은 나의 기발한(?) 착상에 또 한 번 아연실색하고 무조건 반대를 하고 나선다. 이 나이에 왜 또 복잡하게 살려고 하느냐고. 그런데 나는 꼭 지어야만 노후 생계에 보탬이 될 것만 같아 또 우기고 나선다. 그렇게 우겨서 잘 되지 않았던 경험으로 이제 또 그런 실수를 범하게 될까 봐 두 번 세 번 곱씹어 보며, 해산 후, 엄마들이 분만의 고통을 잊고 또 임신을 하듯이 말이다. 이번에는 꼭 고생 끝에 낙이 오는 성공사례의 예가 되기를 빌며, 꼬리를 올려? 내려?

노년의 사진 찍기

올해로 남편의 나이가 환갑이 된다. 환갑날은 명색이 있는 날이라서 그냥 보내기도 서운했다, 인생이 육십부터라면 이제부터 생활의 짐을 벗고 망중한도 즐겨 볼 수 있는 제 2의 인생에 전환의 시점을 마련해 보기도 해야 할 때인 것 같다. 여행이라도 떠나 볼까, 관습대로 조촐한 잔치를 마련해 볼까로 궁리하다가 어머님과 동기간, 가까운 친지들을 모시고 함께 식사라도 대접해 드리기로 했다. 당일엔 딸애와 아들애가 마련한 꽃바구니와 케이크가 장식된 식장에서 하객들과 연배대로 끼리끼리 모여 앉아 수연을 베풀었다. 끝날 때 기념촬영도 했다.

"자 아버님 살짝 웃으세요 치~즈"하고 촬영 기사가 부드러운 표정을 부탁한다. 사진을 찍으려고 빼곡히 둘러선 식구들도 모두 표정을 고치느라 긴장된 분위기 속에서 평상시에 잘 웃기던 사촌 시누이가 "오빠 까꿍"한다. 폭소가 터지고 플래시가 번쩍이고 "와 하하, 우 하하~" 배를 쥐고 웃었다. "오빠 환갑 당해 본 사람들은 그 자리가 검버섯 자리라는데. 그래서 오빠도 안 웃으셨지?" 한다. 시누이의 이야기를 듣고 보니 기쁠 줄만 알았던 잔치가 어색하기 조차했던 기분을 이제야 이해할 것 같다.

우리 부부가 오늘은 결혼식 이후 두 번째로 친지들 앞에 주인공이 된 날이다. 결혼식 날은 왕자와 공주가 된 기분으로 기념촬영에 임했었는데 이 날은 우리 부부만 갑자기 늙은 것 같은 스산함이 스치면서 빨리 자리를 뜨고 싶은 불안함 뿐이었다. 이제 그 사진을 현상하여 바라보니 환갑잔치는 화기애애하게 웃는 모습으로 잘 찍혀 마음에 흡족한 가족사진이 되었다.

십여 년 전에 팔순이 되시는 친정어머니를 모시고 효도관광에 섞여 제주도 여행을 간 일이 있었다. 그 관광객들은 대부분 환갑을 맞이하여 온 부부들로 자녀들이 보내준 여행이었다. 그들은 제주도에 도착하자 한라산에 등산도 가고, 횟집에도 가고, 관광도 하며 식구들에게 줄 선물로 파인애플도 사서 무거워 끙끙대며 끌고 다녔다. 자정이 되자 추억을 만들자고 경비를 거둬서 노래방에 앉아 목청껏 노래도 부르고 나이트클럽에도 갔다. 우리 모녀도 함께 따라 다녔다. 깜박이는 조명등 아래서 음악에 맞추어 몸을 흔들며 디스코 춤도 추고, 짝 끼리 빙빙 돌아가며 브루스도 추면서 술잔을 기울여 즐기는 그분들을 보면서 환갑이면 인생을 다 살아낸 힘없는 노인이라고 생각했던 내가 몹시 미안했었다. 이렇게 겨울 문턱 같은 나이를 확인하기 싫어서 피해 떠난 여행인 것을 헤아리지 못했었다.

신혼 여행지인 그곳에서 횟집에 초간장이 빠진 것 같은 여행은 노인관광이라 그렇거니 했었다. 신혼부부들과 다른 점은 노부부들은 카메라를 들고 다니지 않았다. 기념사진을 찍지 않으니 시간도 많이 절약이 되어 더욱 휙휙 다닌다. 할아버지들은 젊은 날의 초상을 눈도장이라도 찍어 놓으려는지 옆의 신혼부부들이 연신 포즈 취하는 것을 감상하는 재미로 다녔다. 할머니는 그런 할아버지를 잡아끌면서 채근하기 바쁘고 여행이 아니라 피란 가듯 내빼려고만 한다. 이런 맹숭맹숭한 여행이 무슨 재미일까.

어머니의 기념사진을 몇 장 찍어드리고 내가 선심 쓰듯 한 장 찍어 드리겠다고 하자 두 팔을 휘 저으며 "우리가 세상 뜨면 자식들 앨범 없애기만 마음 아프지 뭐."한다. 그래도 억지로 몇 장 찍어 보내드렸다. 늙기도 서럽거늘, 이제는 남은 세월마저도 내리막길을 염두에 두고 짐 챙기듯 떠날 준비 작업까지 하며 살아야 하나? 정말 잘 늙으려면 이렇게 삶의 흔적까지 정리해 가며 늙어야 곱게 늙는 것인가 보다고 생각했었다.

그런데 지금 그 나이가 되고 보니 기다리던 때가 닥친 것처럼 당혹스럽다. 나도 그들처럼 노년의 순서를 밟아가야 할 때가 되어 사진 찍기가 싫어지나 보다. 영혼이 묻어있다는 사진은 정말 어떻게 사라지게 될까가 걱정도 된다.

또 노인들이 사진 찍기를 꺼려하는 더 큰 이유가 있다는 것도 알았다. 내 경우를 보더라도 사진을 찍을 때는 연예인의 선량한 표정을 연상하면서 찍는다. 또 그렇게 찍혔으려니 했다가 늙은 촌닭 모습으로 찍혔을 때는 사진을 잘 못 찍었다고 괜한 '찍사'만 나무라면서 앨범 갈피에 꾹 찔러 넣는다. 누가 보자고 할까봐 훔칠 하면서 말이다. 몇 년이 지난 후, 앨범 들추다 뚝 떨어진 사진 속에 잘 찍힌 얼굴을 보고는 '이렇게 예쁜 사진을 구박했다니'하고 바닥에서 주워 사진첩에 잘 붙여 놓은 걸 보면 자신의 늙음이 인정되지 않았던 터였다. 그러니 젊었을 때의 영상을 희망했다가 본인의 노년을 확인하게 되어 사진 찍기가 겁이 나서 그럴 것이다.

그래도 꼭 찍어야 할 때가 있다. 친정 집안은 한국 전쟁 통에 기념사진들을 지하실에 숨겨놓고 피난길에 나섰다가 다 잃어 버렸다. 그리고 6남매가 자라면서 가족사진도 제대로 찍어 두지 못했다가 아버지 환갑날 사진관에 가서 찍은 것이 그중 나은 시진이 되었다. 가끔 돌아가신 아버지가 생각 키울 때면 그 사진을 꺼내 보곤 한다. 그렇게 그리운 사람들의 얼굴들도 사진으로 만나야 하기 때문이다.

지금도 시골에 가면 대청마루와 안방 문지방 위에 걸린 파리똥 묻은 8절지 만한 액자 속에 웃어른과 집 떠난 식솔들의 사진이 모자이크 되어있는 것을 흔히 보게 된다. 그들은 그 속에서 집안 내력을 이야기하며 함께 공생한다. 근엄하고 곧은 표정으로 할아버지는 꼿꼿이 앉아서 찍고, 구부러진 몸매로 엉거주춤 앉아 할머니 찍히시고, 군복 입은 삼촌, 사각모 엄마 머리 위에 얹혀 찍힌 오빠 졸업사진. 언니의 하얀 칼라 교복이며 언제 찍은 것인지 햇수까지 넣은 빛바랜 사진들이 정감 있게 걸려있다. 그 사진은 그 집의 객 손들의 호기심까지 채워주는 보물로 걸려있지 않은가.

그래서 기념사진 몇 장도 남겨 두지 않는다면 죽어서 4대를 산다는 영혼을 그리워하는 자손들과의 대화는 제삿날 이름 석 자 지방에서 뇌어볼 뿐 더욱 삭막해 질 것이다. 이제부터는 카메라 들이밀며 찍힐 일 있으면 굳이 사양 말고 찍혀 줄 일이다. 이 세상 하직할 때도 사진 한 장은 꼭 필요하니까.

홈쇼핑

교육자인 남편이 여름방학을 맞아 낮 시간에도 가끔 TV를 보곤 했다. 뉴스에서는 '요즈음 홈쇼핑에 중독자가 늘고 있다'고 한다. 어떻게 화면만 보고 상품을 결정할 수 있을까. 경솔한 사람들도 많다고 남편과 함께 흉을 보았다. 오후에 남편이 외출하자 낮잠도 쫓을 겸 무슨 물건들이기에 중독까지 될까가 궁금하여 채널을 홈쇼핑에 맞추었다. 평소엔 홈쇼핑 채널은 훌쩍훌쩍 넘겨가며 드라마 보기도 바빴다.

홈쇼핑의 화면은 활기찬 음향효과가 경쾌하게 흐르고 호스트들은 살갑기만 한 음성으로 조명까지 화려하게 받은 상품들을 소개하고 있었다. 아이 쇼핑이라도 해서 물품 고르는 안목이라도 높여 보자고 마음도 가볍게 시선을 모았다. 상품 소개며, 구매 가격이며 사용법까지, 물건이 필요할 때 도움이 많이 될 것 같다. OO상품을 사면 사은품으로 선물들을 주고, 경품권까지, 무이자 할부 금액에 직매장가 보다 저렴한 가격으로 판매한다고 한다. 상술이려니 했다. 아들의 트렁크 팬티를 사러 외출하려던 참이었는데 마침 그 상품이 화면에 소개되고 있다. 브랜드 제품이 값도 저렴하면서 색상도 디자인도 여러 가지로 되어있어 사철 입기도 좋을 것 같다. 어떻게 사는 것일까? 가 궁금하여 주문전화를 걸어 보기로 했다. 안내원이 시키는 대로 신용카드 번호까지 일러주니 아주 간편하게 주문판매가 결재까지 되었다. 돈부터 지불하고 나니 찜찜하긴 해도 기다려 보자고 마음을 달래며 배달 일자를 기다렸다. 배달 된 물건을 풀어 보니 정말 확실한 물건에 마음이 흡족했다.

나는 또 홈쇼핑 채널을 맞추고는 우리 집에 필요한 물품을 고르기 시작했다. 생선 굽는 쌍둥이 프라이팬, 어느 그릇에나 넣고 스위치만 누르면 싹싹 갈아주는 믹서기인 도깨비 방망이, 옷이나 이불들을 압축시켜 보관하는 스페이스 비닐 백, 내 속옷 등등 물품을 구입해 보니 다리 품 팔지 않고도 배달이 되고 만족스러웠다. 받은 물건이 화면과 다르거나 제품이 안 좋으면 또 전화로 취소를 하자 곧 신용카드 지불이 취소가 되고 2, 3일 후 반품을 해 가니 부담도 없다. 이래저래 요즘 우리 집은 택배원이 다녀가기 바쁘다. 갑자기 텔레비전 앞에서 부산스러워진 행동을 이상하게 느낀 남편이 홈쇼핑에 중독 된 것 아니냐고 한다. 물건들이 꽤 괜찮은 것이 있어 몇 가지 샀을 뿐이라고 했다.

날이 푹푹 찌던 날 밤, 더워서 창문을 모두 열고 배도 덮지 않은 채 잠을 잤다가, 찬 방바닥에서 올라오는 냉기 때문에 냉배를 앓았다. 세수수건만 한 치료용 전기방석을 배에 끌어안고 며칠을 뒹굴었다. 홈쇼핑을 열심히 보던 남편이 주문전화를 일러주면서 빨리 전화하라고 성화다. 옥 매트를 사면 될 것을 궁색하게 냉기 오르는 방만 탓한다는 것이다. 이 일을 어쩐담. 나는 깜짝 놀라 손을 가로저었다. 옥 매트보다 돌침대를 사려고 골똘해 있었던 참이었다. 그이는 5년 전 허리 척추 수술을 했었다. 퇴원할 때 의사 선생님은 딱딱한 방바닥에서 취침하라고 일렀다. 나는 냉 배앓이 때문에, 그이는 허리 때문에 더운 여름에도 방바닥에 히터를 약하게 틀어놓고 잤었다. 친구의 이야기로는 돌침대를 사서 써 보니 온돌방 같고 날씨에 따라 조절기만 맞추어 놓으면 아주 쾌적한 잠자리가 된단다. 또 몸이 찌뿌드드하면 찜질방 온도로 맞추어 삭신을 녹작지근하게 펼 수도 있다고 자랑을 했었다. 돌침대만 사면 온 집안을 다 덥히지 않고 잠자리만 덥히니 낮에도 더욱 시원한 집이 될 것이다. 우리는 돌침대를 사야한다고 했다. 그리고 벌써 돌침대 매점도 다 돌아보고 모델까지 점찍어 놓았다고 했다. 홈쇼핑을 매일 드려다 보던 그이가 돌침대 값이 기백만원인데 이렇게 값싸고 좋은 상품을 두고 그 비싸서 부담스러운 상품을 왜 사려고 하느냐고 고개를 절레절레 흔든다. 아무리 돌침대의 장점을 설득해 본들 한번 결정하면 꼭 그대로 해야 직성이 풀리는 남편이다. 고지식하고 융통이 없다고 흉을 보아도 30년 동안 바꾸어 놓지 못한 성질 아닌가. 의료 상품이니 브랜드를 잘 알아보고 사자고 해도, 이제까지 당신이 홈쇼핑에서 샀던 물건들이 모두 좋았으니 믿을만한 회사 제품일 것이라며 '매진 예감' 의 자막이 번쩍번쩍 하자 더욱 긴장이 되어 샀다. 며칠 후, 배달된 옥 매트는 약한 온도에도 따뜻하여 내 배도 나았고 그이의 뻐근한 허리도 유연해 졌다.

옥 매트가 사랑땜도 다하기 전에 1주일도 써 보지 못하고 고장이 났다. 배달되었을 때부터 증정품으로 준 세라믹 매트의 돌들도 이미 두어 개 깨져있었다. 서비스센터에 전화를 걸어 물어보니 제조기가 전에 만들었던 구제품이었다며 신제품으로 바꾸어 주겠단다. 교환품이라 택배가 너무 바빠 순서를 더 오래 기다려야 한다며 며칠이 느긋하게 지나서야 새 물건과 겨우 교환이 되었다. 어떻게 직접 고르지 않았다고 구제품을 보내며 하자가 있는 물건을 보낼 수 있었을까. '혹여 포장에서 실수를 한 것이겠지' 하면서도 판매에 성의가 없어 은근히 실망과 더불어 화가 치밀기 시작했다. 구매욕이 떨어졌다.

이번에 또 남편의 눈까풀이 씌워진 상품은 라텍스 침대다. 생명공학적으로 연구하여 인체에 가장 이상적이며 신개발로 만들어 항균처리가 잘 되어 위생적으로도 좋다는 광고에 그이는 또 사자고 한다. 워낙 큰 물품이라 매장에 가서 둘러보고 사자고 했다. 그는 화면이 나올 때마다 유심히 보았다면서 심플한 외형까지도 마음에 들었단다. 나를 화면 앞에 불러댄다. 여름에는 매트리스를 걷고

밀판을 수려하게 치장하여 마루처럼 사용해도 좋다면서 아이들과 식구들이 그 위에서 놀고 있다. 그 마루에 옥 매트를 깔고 자면 제격일 것 같았다. 라텍스 매트리스를 사용하는 딸에게도 물어보니 쾌적하고 좋다고 한다. 그리고 교환이나 취소에 별 어려움도 없었던 경험으로 홈쇼핑 안내자에게도, 회사 직원에게도 "허리 아픈 환자에게 괜찮은 침대냐?"고 물어보고 궁금증을 다짐해 보고 샀다. 매일 이부자리 개고 까는 일도 성가시지 않던가.

그 다음날 침대는 왔다. 누워보니 좀 물렁하다. 여름이라 더워서 매트리스를 걷으려니 퀸 사이즈로 덩치도 크거니와 두께를 뺀 다리의 길이도 짧아 방바닥과 거의 차이가 없어 화면에서 본 것과는 영 다르다. '아차' 싶다. 그냥 침대로나 써 볼까하고 하루 밤 자보려 했더니 습관이 안되어 그런지는 몰라도 허리도 묵직하다. 그이도 꾸부정한 허리로 일어난다. 바닥이 딱딱하지 않아 우리 부부에게는 맞지 않는 침대를 산 것 같다. 취소 전화를 하니 조립해 놓은 물건은 그 회사의 승낙이 있어야 한단다. 아뿔사, 남편의 허리가 잘못되는 날이면 우리 집 대들보가 휘는 날이다. 본인은 물론 간병이 더 힘 드는 내 입장으로 보아 처음부터 우리 부부에게 꼭 맞는 돌침대를 사다 놓았더라면 이런 시행착오를 격지 않아도 되었을 것이다. 취소해 주지 않으면 어쩐담. 마음을 졸였다.

라텍스 침대는 여러 날만에 운반비 3만원을 지급하기로 하고 가지러 왔다. 때라도 묻을 까봐 서너 겹으로 싸 놓았었는데 벗겨보니 침대 커버에 곰팡이가 손바닥만하게 거뭇거리지 않는가. 항균처리가 된다는 라텍스가…그것도 두어 군데나. 직원과 나는 깜짝 놀랐다. 회사 측에서는 우리 집에서 비닐 커버를 벗겼고, 생긴 일이니 또 매트리스 커버 세탁비 5만원을 물어주어야 한단다. 그래도 돌려보내는 것만 고마워 '그러마.' 하고 떠나보냈다. 객돈 들이고도 돌려보낸 것만 시원하여 혹 뗀 기분이다. 이렇게 하면서 홈쇼핑에 중독들이 되는구나. 오늘도 TV를 켜면 똑 같은 상품에 여전히 '매진 예감'이고 종료시간은 분, 초를 다툰다. 홈쇼핑의 환상적이고 유혹적인 착각에 빠질 수 있는 광고에 현혹되지 않으려면 충동구매하지 말고, 좀 더 꼼꼼하고 신중하게 골라야겠다고 다짐해 본다. 살아가는데 이런 일들이 어찌 홈쇼핑뿐이겠는가.

말 좀 놓고 지냅시다

"따르릉"하고 전화벨이 울리고 수화기를 받는다.

"미세스 정, 오랜만이죠? 만나고 싶었어요." 미국으로 이민 간 미세스 김이 고국방문으로 서울에 들렀다고 전화를 했다. 그래서 강남 OO백화점 커피숍에서 만나기로 했다.

미세스 김은 남편 쪽 대학 총 동문의 5년 선배의 부인이고 나처럼 또 연락 받고 나오기로 한 미세스 리는 10년 후배의 부인이다. 세 사람은 만나자마자 그 동안의 지내온 이야기며 자녀들 이야기로 한창 분위기가 화기애애했다.

"미세스김, 고국 방문 관광여행도 해보셔야죠? 동강에나 모시고 다녀올까요? 추억이나 되시게." 하고 내가 제안을 했다. 미세스 리도 두 손을 맞잡고 기뻐하며 "좋지.

굿 아이디어" 하고 반긴다. 곧이어 그녀는 "미세스 김, 지난번에 선물 주신거어, 그 화장품 써 보니까 피부가 어찌나 부드러워지던지 촉감이 참 좋더라. 그 화장품 바르셨죠? 연세 보다 참 젊으시다." 부드러운 말씨로 반말도 아니고 존대도 아닌 나긋나긋하면서 약간은 코맹맹이 소리다. 아마 평소에 친언니들에게 하는 애교 섞인 말투겠지. 처음 들었을 때는 무심히 들었는데 대화 흐름에 친밀감을 느꼈는지 점점 더 혀 짧은 소리를 하더니 언제 부터인지 말을 놓는다. 나도 귀에 거슬린다고 느끼자 점점 심사가 언짢아지기 시작했다. 그럼, 위아래 서열도 없이 맞먹자는 것인가? 하고 이맛살을 찌푸리는데 미세스 김은 언니처럼 잘 받아주며 이야기를 경청했다. 나도 이야기에 대꾸하면서 그동안 못 다한 이야기에 열중하고 있었다. 좌석의 분위기는 자매의 어우름처럼 되었다. 반말에 이미 민감한 반응을 일으킨 내 머릿속은 점점 혼선이 되어가고 있었다. 자매라면 어릴 때부터 같이 자란 정서라도 있다. 그래도 출가를 하면 존대를 써 주는 것이 주위사람에 대한 우리나라의 예우 법이다. 곰곰이 생각해 보니 괘씸해서 일어나고도 싶었지만 대화의 내용으로는 정감이 있는 분위기였고 탈을 잡을 꼬투리도 되지 않아 그저 덤덤히 받아넘기고 어찌할 바를 몰라 하며 계속 이야기는 그렇게 이어지고 있었다.

몇 년 전에도 이와 비슷한 일이 있었다. 동네 반상회에서의 일이다. 40대의 반장이 반상회를 마치고 다과회를 가지며 연세가 많은 어른이나 어린 사람들에게 말을 놓는다.

강산도 변한다는 10년, 20년씩이나 차이가 나는 어른들께도 예사로 큰소리를 내며 "영은이 할머니, 집 옆 자투리 빈터에 푸성귀라도 심으면 어떨까? 쓰레기 함부로 버리는 일도 없어지고, 여유 시간 있는 노인 분들 소일로 가꿔가며 무공해 야채 심으면 좋지 않을까?" 한다.

"그러면 그 빈터를 나누어 각자의 몫으로 지정해 놓으면 책임 있게 가꾸게 되고 더 잘 보살피게 될 것 같은데요?"라고 '요' 자에 힘을 주어 나도 의견을 내 놓았다.

"아 그러면 지영이 어머니, 그 터를 경작하실 분 몇이 잘 나누어 씨를 뿌려 보지" 한다.

그녀와 나는 십이지의 띠를 한 바퀴 다 돈 띠 동갑이다. 한데 여전히 '요'자가 빠진다. 내가 존경을 받고 싶어서가 아니라 남 보기에도 볼썽사나운 꼴일 것 같다. 60대 노인에게도 스스럼없이 말을 놓아대는 그녀가 50대인 나에게야 당연한 대화법이겠지만. 혹여 반장도 장(長) 자리라고 통솔하기 위한 발언이란 말인가? 그래도 이건 아닌 것 같은데 참.

노인들 뵙기가 공연히 내가 미안한 마음이 들어 '요' 자 하나 더 붙이면 격이 떨어지나 하고 송구스러워 하는데 마음 놓고 명령조가 되어 말을 놓는다. 나는 일부러 그날 다과회가 끝날 때까지 열심히 존댓말을 써 주었다. 그녀는 엉거주춤해 가지고 말끝을 흐려가며 말을 놓는다. 참으로 기분이 착잡했다. 위아래 없는 세상이 되었다더니 대화법에서조차 이제는 평등한 세상이 되었는가. 참으로 교양 없는 여자구나. 편치 못한 심사로 혼자 속을 부글부글 끓이며 며칠을 보낸 후 대문 밖에서 지나가던 영은이 할머니를 만나자 여쭈어 보았다.

"영은이 할머니, 왜 우리 반장은 웃어른께도 말을 놓고 이야기 할까요?" 나는 조심스레 물어 보았다.

"요새 젊은것들 시건방져서 그래 .'말버릇이 그런 네년의 입이 구리지 귀 씻으면 나는 그만이다' 하고 흘려버리고 말지. 세상이 말세가 되서 그런가 봐."

공경 받기는 아예 그른 세상이라고 체념을 한 모양으로 빙그레 웃으시곤 혀를 끌끌 차며 지나간다. '귀를 씻으면 된다고?' 나는 집안으로 들어오자 수돗가에서 물로 귓바퀴를 씻었다. 시원하다. 며칠 부글부글 끓던 자존심까지 씻겨져서 개운해졌다.

다음 달 또 반상회는 열렸고 그녀는 말을 놓고 이야기하는 폼이 습관인 듯 했다. 반상회가 끝나고 돌아오면서 나는 그녀의 곁으로 다가가서 물었다.

"반장님, 반상회 때 말 놓고 이야기 하는데 그것 습관이유?" 하고 "아, 할머니 같고 어머니 같고 언니 같은 분들이라 친하려고 그런 것이지요."

"친목을 위해서라면 더 상대방에 대한 배려가 있어야지 오히려 속이 상하던 걸"하고 듣기 좋은 말로 화해까지 했다. 그러나 그 다음 친목회 때도 그녀는 여전히 말을 놓는 습관을 버리지 못했고 나는 꿀 먹은 벙어리가 되어 참석만 했다가는 얼른 집으로 돌아 왔다. 그렇게 한 동네에서 여러 해를 쑥스러운 관계가 되어 지난 경력이 있던 터다.

그런데 미세스 리와 만나면서 그전에는 서로 친하지 않았던 어려운 사이라 깍듯이 대접해 주었던 것이었는데, 이제 친해지다 보니 서로 그렇게 동기간이나 친척처럼 말을 놓고 지내기로 한 모양이라고 이해를 하려해도, 그래도 찜찜한 기분은 어떻게 해소할 길이 없어 집에 오자 수돗가에서 귀를 씻었는데 오늘은 시원하지도 개운하지도 않다.

공연히 나가서 내 남편까지 후배인 미세스 리의 남편과 동년배로 만든 것 같은 씁쓸함을 맛보며 어디까지가 존댓말의 한계여야 하는가의 잣대를 쥐고 눈금을 가려내지 못해 서성이고 있어야 했다.

내가 어렸을 때는 윗분들을 공경하고 모시기만 하면 됐었다. 어느새 내 윗분이 몇 분 안 남을 만큼 올라오고 보니 옛말에 나이가 많아지면 서운한 것만 생각난다고, 벌써 그런 눈치만 늘어 사사건건 시비요, 잔소리만 늘었나 하고 고개 돌려 휙 뒤를 돌아보게도 된다.

언어에서 존경과 공대가 되면 행동도 따라 주게 되어 언행일치로 서로의 인격을 갖추어 주거늘. 그래서 옛날에는 손아랫사람에게도 성인이 되면 반 존칭을 써 주어 하네, 여보게, 정서방, 말미 댁, 하고 불러 주지 않았던가. 요즘은 부르는 호칭도 아무개 아빠, 아무개 엄마, 할머니, 할아버지, 아줌마, 아저씨로 줄여서 간편해 졌다. 그래서 허물없이 친하자고 말을 놓다 보면 행동도 모두 자칫 '나'와 동기로 취급하게 되어 상대방에게 결례를 저지르게 된다. 요즘 젊은 사람들 중에 말을 놓고 이야기하기를 즐겨 하는데 언어의 전통과 맥이 다 흩어진다면 인격의 존중을 상당 부분 맡아 주었던 표현법은 또 어떤 방법으로 개발될 것인가. 미풍양속으로 결속을 다져 오던 우리네 예의범절이 하루아침에 무너질 수 있다던가.

동서가 어머님 생신 일로 의논할 겸 전화를 했다.

"형님, 어머님 생신… 나 요즘 문화센타에서 요리 배우는데 형님이 도와주면 우리 집에서 해 드려 볼까 하구우. 괜찮을까? 잔뜩 코맹맹이 소리다.

"아우님 그렇게 하시지요. 어느 날로 잡으셨나이까?" 역시 '요'자에 힘을 주어 이야기 했다.

"형님 왜 그러세요. 놀랐잖아요."

"놀란 건 나일세." 무심한 심정으로 한마디 했다.

"친정에서 이모나 외숙모하고 이야기하던 말투가 습관

이 돼서 나온 어투였어요 형님.

세상은 자꾸 바뀌어 모두 바쁘다는데 존칭어 간략하게 생략 좀 한다고 별 문제 되겠는가 하고 마음 놓고 말끝을 끊는단 말인가. 이모나 외숙모한테 응석 부리며 말 놓고 지내던 습관을 큰동서에게 해 본다고 태어난 서열이 바뀔 것도 아니다. 말 좀 편히 놓고 이야기한대서 흉이 될 것도 아니련만 시댁의 가문에 흠집이나 낸 것 마냥 흠칫 놀랬다. 미풍양속으로 민족의 결속을 다져 오던 우리네 예의범절이 하루아침에 무너질 수 있다던가.

"모든 존칭어를 없애기로 했으니 간단한 대화법을 이용합시다."하고 공표가 되기 전까지는 말이다.

노후를 그려본다

오늘은 OO백화점 식당가에서 아들 친구 어머니 네 명이 친목으로 만나기로 한 날이다. 모두들 점심식사를 하면서 밥숟가락 뜨지도 않은 채 밥그릇을 밀어내는 일진이 어머니를 보고 "일진이 어머니, 아직도 밥알을 못 삼키세요?"하고 물었다.

"네. 설렁탕 국물이나 마셔야겠어요" 하고는 건더기를 건져낸다.

"어쩜, 그러다가 큰일 나겠네."

"큰일은 났어요. 골다공증이래요. 여기 좀 봐요. 이 손마디에 툭 불거진 뼈가 만져지잖아요. 골다공증이 되면 이렇게 뼈가 튀어나오고 무척 아파요." 한다.

나는 기억을 더듬으며 "저런 몇 년 전에도 만났을 때 환자 같이 기운이 없더니, 그렇게 먹는 것이 부실하니 그렇지요.” 오십 줄이 다 된 그녀는 가느다란 손목에 툭 튀어나온 뼈를 살살 문지른다. 이진이 어머니가 설렁탕에 밥을 말면서 “삼진이 어머니도 맏며느리시죠? 오진이 어머니도 그렇고, 그러고 보니 모두 맏며느리네.”일진이 어머니가 배시시 웃으며 “저는 맏이가 아닌데요. 시어머님께서 막내가 제일 좋다며 함께 사셨어요.”

이진이 어머니는 또 말을 거든다.

“시어머님 모시고 살면 골이 빈 다구요. 시집살이로 그렇게 된 걸 누가 알았겠어요.”

혀를 쯧쯧 찬다. 정말 시어머님 때문에 그렇게 골병이 생겼을까? 나는 놀라 입을 다물 수가 없었다. 이진이 어머니가 김치를 물에 빨아 먹는다.

“매운 것을 못 잡수시나 봐요.” “네. 위가 헐었대요.”

“왜 또 위 좀 잘 관리하지요” “시어머님 잔소리 때문이지요. 한 가지를 가지고 하루 종일 따라다니면서 반복해서 잔소리를 하시는 거예요. 그것도 당신 젊었을 때를 빗대서요. 말만하면 말대답한다고 꾸중이시니 노인이시라 그렇거니 하지요.”

정말 노인 모시는 일이 며느리의 일생을 바치는 일이

거늘, 식구 모두들 무보수 종처럼 부려먹기만 해서야 쓰겠는가? 그래도 인격으로 대한다면 서로가 서로를 보듬어야 할텐데.

"그 댁 시어머님도 전화 받으시는 목소리가 쨍쨍 하시던데 시집살이 꽤 시키셨겠어요" 삼진이 어머니도 한 말 거둔다.

할 말을 잃는다. 왜 며느리들은 시어머님 손안에서 헤어나지 못하는 걸까? 부모에게 효도하는 미풍양속이 덫에 걸린 짐승처럼 몸부림을 치게 하는 걸까?

"삼진이 할머님 병환이 제일 걱정이죠?"하고 물어 보았다.

"점점 더 하시지요 뭐. 이젠 치매 때문에 자꾸 밥 달라고 하세요. 그래서 세끼 이외에는 밥풀을 튀겨 놓고 드리고 있어요. 또 신발들이 모두 없어져서 찾아보면 이불장속에 모두 감추어 놓으셨어요. 그래서 혼자 계시게도 못해요. 오진이 할머님은 건강하시지요?"

"네. 시골에서 농사 때문에 늘 바쁘시지요."

"야 복도 많으셔. 농사지으신 것 자식들 나누어 주시고, 일등 시어머님이시네." 하고 너스레 떠는 동안 뚝배기 국그릇이 삼진이 어머니와 오진이 어머니인 나만 깨끗이 비워졌다. 자리는 커피숍으로 옮겨지고 남편 이야기, 아이들 이야기, 정치판이야기를 하다가 건강문제 이야기에서 또 시어머님 이야기로 옮겨지고 "아까도 집에서 외출하려고 옷을 갈아입으려 해도 시어머님이 안방에서 나가지를 안으시는 거예요. 마음 편히 옷 좀 갈아입게 당신 방으로 가시면 좀 좋아요. 그렇게 눈치가 없으시니, 벌써 20년 넘게 모셨는데도 텔레비 보신다고 그냥 안방에 앉아 계시고…"

"할머니 방에 텔레비 한대 놓아드리지 그래요?"

"있죠. 그런데도 꼭 안방에서 졸면서 보세요"

"어머, 우리 어머님은 얼마나 눈치가 빠르신지요. 내가 아파서 누워있으면 소리 나지 않게 부엌에서 살림도 다 해주시고 정도 많으셔서 몰래 용돈도 찔러 주셔요."

"그런데 왜 시어머님 때문에 그렇게 병이 나셨지요?"

"그런데도 함께 모시고 산다는 것이 부담이 되고 어머님 뵐 때마다 어려워요. 윗동서들이나 시누이들이 오기만 하면 어머님이 살림 다 해준다고 제 속을 뒤집어 놓거든요."하며 자랑인지 흉인지 실눈을 뜨고 이야기 한다. 모두들 부럽다는 듯 입맛을 다시며 "그 댁 시어머님은 용돈까지 주셔요? 우리 어머님은 시아버님 재산도 혼자 꿍쳐 쥐고만 계셔요." 삼진이 어머니는 "그려, 그려."하고 맞장구를 친다.

"우리 어머님은 시골에서 농사지으신 푸성귀며 곡식들을 열심히 싸 가지고 오시는데 며느리들이 아파트 거실 바닥에 흙 털어 가며 늘어놓아서 청소가 더 귀찮다고 입이 한발씩 나오잖아요."

"어머머! 신토불이를 몰라보고 불효막심한 며느님들이시네."

"제가 결혼하고 시어머니 생신을 30번도 더 차려드렸지만 며느리 생일날을 한 번도 기억해 주신 일이 없으시답니다."

"아니, 어쩜. 우리 시어머님은 며느리 생일날은 꼭 챙겨 주셨는데… 참 서운하셨겠어요."한다.

시집살이 이야기만 나오면 분위기는 스트레스로 움츠렸던 표정들이 쓴 커피 한잔에 향긋한 미소로 핀다. 그런 저런 이야기를 두어 시간 노닥거리고 오후 4시가 돼서야 며느리들의 성토 대회는 끝나고, 모두들 며느리로, 마누라로, 부지런히 집으로 발길을 돌렸다. 전철을 타고 오며 조금 전의 대화에 다시 생각을 실었다. 모두들 '나는 절대로 며느리와 함께 살지 않겠다.'고 했는데 코앞에 닥친 우리들의 노후를 그려본다.

각 방 쓰기

나는 어려서부터 '부부는 일심동체'라는 말을 웃어른들에게 들으면서 '세상은 그렇게 살아지는 것이구나' 하고 자랐다. 결혼하여 부부가 되고 첫 살림 시작부터 한 몸 되기 위한 말다툼이 시작되었다. 가령 그이가 "방 청소하지 말랬지요?, 어제 읽던 원고가 어디로 갔는지 찾을 수가 있어야지."하고 소리를 버럭 지르면 "책상 한 편에 쌓아 놓았잖아요, 그것도 못 찾아요?" 하고 짜증을 냈다. 조금 후 "몇 페이지를 읽었는지 알 수가 없단 말이야." 또 소리 지른다. "정리를 해 놓아야 찾기가 쉽지요. 그렇게 쓰레기장 같이 하구서는…, 결국은 정돈을 잘하는 사람이 성공도 해요. 알아요?" 질세라 목청을 돋우곤 했었다.

안방엔 침대가 있고, 마감 뉴스까지 떠들어대는 TV며

장롱이 있고, 화장대도 있다. 서재도 있고, 아이들 방도 있고 거실도 있는데도 꼭 안방에서 조그만 밥상에 가부좌 하고 앉아 원고도 쓰고, 제자들 시험지도 채점하고, 전화도 받곤 한다. 본래 안방은 안주인의 방이 아닌가. 어릴 때 밥상 펴 놓고 공부하던 시절의 익숙한 분위기가 습관이 되어 안방에서 정신 집중이 잘 되나보다. 안주인인 나는 안방의 옷장에서 옷을 꺼내 입으려고 해도, 짬짬이 좀 쉬고 싶어도, 어수선한 집기들과 담배 냄새로 머리가 혼란스럽다. 그래도 부부는 그것이 삶의 꿀맛인 줄 알았다. 전혀 불편하지도 않았을 뿐만 아니라 보금자리거니, 사랑의 결실이거니 하고 아이들도 키워가며 북새통을 하고 살았다.

아이들이 고등학교에 다니면서부터 도시락 때문에 새벽에 일어나려면 자명종을 끼고 자야했다. 자정이 다 되어 들어오는 입시생 맞으려면 밤늦도록 잠을 자지 못한다. 이때부터 남편의 짜증이 시작되었다. 잠 잘 시간을 놓치면 내일 출근해서 일을 못한다고 하고, 이불자락만 잡아 당겨도 부스럭거린다고 궁싯거린다. 그래도 부부는 한몸이라 잠자리를 따로 하면 별거의 전 단계인줄 알고 등

돌리고 자도 안 되는 줄 알았다. 자식 일인데도 죄인처럼 눈치 보며 구박받으며 살기 시작했다. 새벽에 자명종 소리에 잠이라도 깨면 '네가 돈 벌어 와라. 돈 벌기가 얼마나 힘든데…' 하고 청천병력 같은 소리를 지른다. 기관차 화통을 삶아 잡수셨나? 웬 소리는 그리도 큰가. 궁여지책으로 그날 밤도 남편 옆에 누워 까짓 자정부터 새벽 4시 반까지 서너 시간 뜬눈으로 버텨 보자고 마음을 다잡았다. 탁상시계도 울리지 않게 머리꼭지를 꾹 눌러 벙어리로 만들어 놓고, 웅크리고 이불도 덥지 않은 채 맨 방바닥에서 베개 만 베고 날이 밝기만 기다렸다. 새벽 기온이 점점 떨어지자 외풍에 어깨가 시리고 잠은 쏟아지고 점점 부화가 치밀기 시작한다.

'나 혼자만의 자식인가? 데리고 온 의붓자식들처럼, 자기도 애비면서…' 생각의 꼬리가 길어질수록 숨이 가빠진다. 몸이 뒤척이고 화장실도 가고 싶다. 머리가 띵하고 휘둘린다. 속이 매슥매슥하고 소화가 안 되는 모양인지 가슴도 답답하다. 큰일이다. 거실로 나가자니 방문 소리에 잠 귀 밝은 남편이 또 깰 것 같고, 그냥 있을 수도 없고, 애라~ 하고 살금살금 기어 나와 방문 밑 귀퉁이를 올리는 시늉을 하며 소리 나지 않게 여는 시늉을 하는데 '으흠' 인기척 소리. 깜짝 놀라 가만히 엎드려 있다가 어둠속에 살펴보니 돌아눕는 소리 같다. 엉겁결에 거실로 나와 소파에 걸터앉아 삭신을 비튼다. 아아~시원하다. 어서 날이 밝았으면…, 화장실에 들르고, 약상자 찾아 소화제 두 알 먹고, 소파에 누워 비몽사몽 날 밝기를 기다리며 아침을 맞았는데 출근하려던 남편 왈, "이제부터 당신 저 서재에서 잠자. 알았지? 밤마다 허연 잠옷 입고 귀신이 왔다 갔다 하는 것 같아 잠자리가 뒤숭숭해. 잠자다가 깜짝깜짝 놀란단 말이야" 한다. 듣고 보니 예민한 성격에 그럴 것도 같아 웃음이 난다. "알았어."

"응 알았지?" 하더니 안방으로 가서 내 베개를 가지고 오더니 팔에 딱 안기면서 "오늘부터야" 한다. 엉겁결에 베개를 덥석 받는데 갑자기 남편이 남처럼 보인다. 처음 이야기할 때만해도 수긍이 가고 밤새 끙끙대던 것이 민망했는데 뭐 베게까지 갖다 주면서 엄포를 놓다니, '자식들이 저렇게 애를 쓰는데 애비가 잠자겠다고? 가장으로서 헌신하는 아내를 위로는 못해도 내 쫓아? 간밤에 잠을 못 잤으니 낮에라도 자려고 잔뜩 별렀는데 잠은커녕 하루 종일 씩씩거리며 분이 치받쳤다.

그날부터 나는 서재에 이부자리를 옮기고 화장품을 종이 쇼핑백에 쑤셔 담아 한 쪽에 쌓아놓고 서재를 내 방으로 쓰기로 했다. 밤이 되어 자명종도 머리맡에 준비해 놓았다. 잠을 청하려 눈을 지그시 감는데 휑하니 잠이 달아난다. 참으로 습관은 무서운 것이구나. 잠이 오지 않을 뿐만 아니라 자존심이고 뭐고 다 팽개치고 그이 옆에서 구박받으면서라도 쑤시고 들어가면 안심하고 잠이 올 것 같다.

'하나님 나를 지켜 주십시오. 저이와의 연분을 무심토록 도와주십시오.' 한참을 중얼거리니 마음이 가라 앉고 잠이 오기 시작했다. 그렇게 각 방 살림은 시작되었다. 밥상도 남편만 따로 차려주었다. 남편이 출근을 해도 잘 다녀오라고 인사를 안 해도 되었다. 무심코 던지는 남편의 우스갯말에 응수를 안 해도 되고, 속옷이나 양말을 꺼내주지 않아도 되었다. 날짜가 지나면서 화장품도 컴퓨터 책상 위에 나란히 늘어놓고 쓰고, 책장을 옷장으로 삼고, 십 년도 더 쓴 고물 TV도 들여 놓았다. 남편의 베개 사건은 생각할 수록 괘씸해서 밤이고 낮이고 씩씩거리며 집에서 뒤뚱거리고 다녔다.

며칠 후, 늦잠을 자던 남편이 깜짝 놀라 아침식사도 못하고 허둥대며 나를 찾았다. 그리고는 멍하니 서 있는 모습을 보고는 흠칫 놀라며 출근을 서둘렀다. 그날부터 남편이 눈치를 보기 시작한다. 저녁밥을 늦게 차려도 계면쩍은 듯이 식사를 한다. 슬며시 말을 붙이려 하다가도 경직된 내 몸매에 말문이 얼어붙는다. 이제는 역전이 되었다. 생각은 사물의 크기도 마음대로 조종하는지 긴장하며 졸아 있는 그의 몸집도 점점 작아 보였다

이제는 TV 소리 없는 조용한 서재에서 책도 보고 초저녁부터 졸음이 쏟아지면 잠도 잔다. 누가 부부는 일심동체라고 했나. 개성이 다르고 인물이 다르고 몸집도 다르고 한 집에서 서로 보완작용하며 사는 것뿐인데.

그런데 한 달이 넘도록 이렇게 자유롭게 살다 보니 눈치를 보던 남편이 점점 무심한 행동으로 바뀌면서 활기를 되찾기 시작한다. '오기'이겠지 했는데 점점 찬바람이 불기 시작한다. 퇴근 시간도 늦어진다. 잠 잘 때도 TV 소리가 찍찍거려도 전기불도 그냥 켠채 안방 문도 꼭 잠그고 잔다. 이러다가 정말 별거를 하게 될지도 모르겠다. 정

말 자신이 저지른 괘씸죄를 아직도 깨닫지 못한단 말인가. 사과를 해도 풀어질까 말까인데 오히려 역정을 내다니. 그런데 어제 밤에는 그이가 외박도 했지? 출장 갔을까? 집에 돌아오다 무슨 사고라도? 결혼하고부터 이제까지 무단 외박이란 한 번도 없던 그였다. 밤새도록 조바심을 치며 뜬눈으로 밤을 지새우는데 먼동이 트이며 창밖이 훤하다. '혹시 메모라도?'하여 더럭 겁을 먹고 안방으로 들어가 주위를 살펴본다. 먼지 쌓인 책들이며 담배꽁초로 넘치는 재떨이며 널브러진 이불이며 모두 홀아비살림에 연민까지 복받치는데 '무사히 돌아오게만 해 주십시오' 나는 또 하나님께 빌었다. 그때 초인종 소리가 딩동 한다.

놀란 가슴에 얼른 현관으로 달려갔다. 초췌한 그이가 들어온다.

"어제 영국이가 교통사고로 죽었어. 그렇게 쉽게 가다니…"

남편의 친구인 그는 인정 많고 배려 깊은 영국신사였는데. 놀란 가슴이 파르르 떨린다.

산다는 것이 별 것도 아니었는데.

우리 모두 언젠가는 한번 씩 삶과의 석별이 있음을 알면서도 그 새를 영겁으로 믿고 이리도 머리 터지게 싸우는가. 나는 친구의 죽음을 서러워하는 남편의 등굽은 뒷모습을 바라보며 내가 왜 토라졌는지, 어떤 싸움에 승패를 가리려고 하는지조차 의미가 없어졌다.

그러면서 우리 부부는 한 몸이 되기 위해 이런 유치, 치졸한 싸움을 아직도 끊임없이 반복하면서 반쪽끼리 만나 한 몸 되기 위한 연단을 치른다. 상처뿐인 영광을 안고 화해의 환희를 그리며 또 애정을 확인해 나갈 것이다.

제2부

서로 엉켜 사는 법인데

두루뭉수리 속성법

아침에 눈을 뜰 때부터 매일 반복되는 일상인데도 밀리는 일들과 처지는 일들로 뒤엉켜 산다. 어제도 5월의 텃밭에 씨 뿌리기, 모종심기 등으로 바빴다. 1주일 전부터 이런 저런 일들로 바쁘게 지내고는 외출할 일들이 밀려 집안일을 미루고 다니다 보니 거실이며 주방이며 먼지가 덩어리로 뭉쳐 다닌다.

오늘 아침에도 식사 전에 건강 검진에 필요한 채혈을 하려고 예약해 둔 병원에 갔었다. 집에 오자 세 식구 아침식사를 준비했다. 오전엔 집안 청소부터 해야겠고 오후에 은행에도 들러야하고, 저녁때는 시집 간 딸 내외까지 저녁식사 함께 하겠다고 전화를 해서 시장에 들러 찬거리도 사 와야겠다. 남편과 아들의 아침식사 뒷설거지가 아직 끝나지도 않은 상태다. 외출복 갈아입느라 훽훽 벗어 놓은 옷들이며, 빨랫감 쌓인 것이며, 발 디딜 틈 없이 어질러 놓은 집안은 전쟁터가 따로 없다. 벌써 마음부터 무겁다.

새벽부터 빈속으로 뛰었으므로 기진하여 아침식사를 하고, 숨 좀 돌려 식구들 다 외출하고 난 거실에 앉아 조간신문을 훑어본다. 광고지 한 뭉치와 신문지 한 뭉치를 읽고는 뒤적이다가 장 수 마다 벌려 놓은 채 그냥 그 자리에 웅크리고 누워 식곤증에 잠이 들었다. 빨리 집안을 정돈해야 되겠다는 강박감에 가위까지 눌려가며 토끼잠으로 비몽사몽 하다가 깨어보니 눈앞에 할 일이 또 태산이다. 그동안 누가 치워주었으면 얼마나 좋았으랴 하는 바람도 잠시, 이 일상에서 탈출하고 싶은 생각뿐이다. 우선 거실 소파에 앉아 무엇부터 손을 대야할지, 어떤 일부터 해야 효율적으로 빨리 끝낼지, 머릿속은 또 이리저리 궁리하다가 두루뭉수리 속성법을 사용해야겠다. 두루뭉수리 속성법이란 '계획세우다 날 새우지 말고 몸으로 실천부터 하자'는 나의 삶의 속성법이다.

이럴 때마다 즐겨 이용하는 이 속성법은 맨 처음 마음을 비우는 작업에 최면을 걸기 시작해야 한다. 머릿속부터 비운다. 아무것도 생각을 하지 않아야 한다, 1분정도 멍하니 앉아 잡다한 생각들을 몸 밖으로 밀어낸다. 그 상태에서 계획 없이 눈에 띄는 것부터 실행한다. 신문을 접어서 신문 상자에 갖다 놓는다. 거실 탁자위의 재떨이 털어 물로 깨끗이 씻어 마른걸레질 해 놓는다. 안경이며 책들을 제 자리에 꽂는다. 창문을 열고 안방을 정돈하기 시작한다. 어지럽혀 있는 옷가지들 옷장에 걸고, 침대 이불을 털어 정리하고 오늘의 일과는 청소가 1순위인 것 같다. 그래도 머릿속은 텅 빈 채 아무 생각을 담지 않아야 한다. 청소기를 돌리고 걸레를 빨려고 욕실로 들어가 보니 빨랫감이 눈에 띈다. 세탁물을 흰 빨래, 색 빨래 가려가며 세탁기 돌리고 삶을 빨래 비누칠해서 가스레인지 위에 한 양푼 얹어 놓는다.

집안 걸레질을 엎드려 구석구석 닦는다. 싱크대에 설거지 그릇이 보인다. 수돗물 콱 틀고 박박 씻는다. 그릇장까지 닦고 식탁도 닦고 정돈이 되어가는 주방을 보고 집안을 둘러보니 훤해 진 것이 평수까지 넓어 보인다. 이까짓 것으로 겁을 먹었다니 조금만 더 하면 끝마칠 수 있다는 희망이 보이고 다시 신바람이 나서 욕실도 닦아내고 현관 닦고 다용도실도 닦는다. 개인주택이라 내킨 김에 마당 청소까지 했다. 그동안 통돌이 속에서 오늘의 빨래도 끝. 마음속까지 말끔하게 닦아낸 것 같아 기분이 날아갈 듯 가볍다.

어떻게 해 냈을까. 서너 시간 전의 암울했던 생각이 부질없음에 피식 웃는다. 누가 올 것 같아 겁이 났던 집안이 친구라도 불러 차라도 같이 마시며 즐겼으면 좋겠다. 운동복으로 갈아 입고 걷기운동을 하려고 대문 밖을 나선다. 연록색 실바람이 콧등에 상큼하게 실려 발걸음도 가볍다. 이렇게 오늘 오전의 일과는 무사히 마쳐가고 지옥과 천당의 기분을 맛보면서 결혼하고 살아온 40년 살림의 노하우인 이 방법에 또 감사할 따름이다.

젊어서 인생의 계획이랄까 포부랄까 장황한 할 일들의 중압감에 더욱 짓눌렸을 때 그 무게에 못 이겨 좌절하거나 실망했던 일들이 또 한 두 번인가. 시계 바늘처럼 정해진 규칙대로 똑딱똑딱 살아지는 것이 삶이면 오죽 좋으랴. 많은 변수가 인생이란 이름으로 뒤죽박죽 체험하게 되었을 때 혼란스러웠던 것들을 겪으면서 궁여지책으로 이 마음 비우기 법을 적용해 연습해 보곤 했었다. 그러면 마음이 한결 가벼웠다. 이제는 생활 여러 곳에서 활용한다. 머리가 따라주지 않을 때도, 몸이 받쳐주지 않을 때도 마음을 비우고 실천부터 해 가며 희망을 기다렸다.

과한 성취욕이나 재물욕으로 머리가 무거울 때 곧잘 마음을 비워야겠다고 중얼거렸다. 실생활에서도 삶의 무게가 버거울 때마다 '마음 비우기'를 소원했다. 마음속에 있는 크고 작은 욕심은 주먹만 한 심장의 무게를 새털같이 가볍게도 하고 천만근이 되게도 하니 말이다.

오늘, 집에 들르겠다던 딸도 대학을 졸업 후 대학원 진학을 마다하고 먼저 사회에 진출했다. 직장에 취직하여 3,4년 잘 다니더니 넋두리를 하기 시작한다. 그동안 결혼도 하고 출산도 하고 직장도 다니면서 배워가며 일하며 시간가는 줄 모르고 정신없이 살아왔던 딸이었다. 이제 사회생활에서도 비중 있는 일들로 책임이 중하고 후배들 치고 오르는데 돌보아주기도 힘들다고 한다. 그동안 배운 것들도 모두 고갈이 되고 무엇부터 해야 할지 진로가 염려되기 시작한단다. 새로운 도약을 위한 전환이 필요해진 모양이다. 자녀도 키워야 하겠고 대학원에도 가야 하겠고 직장에 새로운 아이디어도 더 짜야겠고 가정생활도 충실해야겠고 휴식도 필요하고 그것이 고민이다. 그럴 때 엄마의 위로가 무엇이 있을까. 딸의 이야기를 들으면서 옛날의 내 모습이 떠오르고 갈팡질팡하며 헤매다가 이렇게 방향감각을 잃었을 때 돌파구로 이 처방을 사용해 보지 않았던가.

딸아, 물론 네 앞날의 계획이나 포부나 소망들이 또 얼마나 큰 꿈이겠는가마는 작은 실천부터 시작하다 보면 큰 흐름이 보이는 것이지 큰 덩치에 짓눌려 포기하게 될까봐 겁이 나는 구나. 항상 치밀한 계획, 뒤 바뀐 순서들, 빠른 세월로부터 마음을 비워내는 연습을 해보렴.

무언가 이루겠다는 꿈도 일종의 욕망이기 때문에 자칫 넘치는 욕심으로 천만금의 무게를 감당하게 될 수도 있기 때문이다. 이럴 때 마음을 비우고 눈앞에 가장 먼저 뜨이는 것부터 실천을 해 보는 거란다. 지극히 무모한 모험같이 들리겠지. 결과에 연연하지 말고 꾸준히 노력하다 보면 헝클어진 생각들이 솔솔 풀리는 재미로 작은 성취감을 맛 볼 수도 있을 거야.

'시작이 반이다'라는 격언처럼 뒤죽박죽인 조각들을 어느 구석에서부터라도 맞추다 보면 퍼즐은 항상 대견하고 멋있는 작품이 되지 않든.

끼에 대하여

'끼'란 기(氣)의 센 발음이다. 기(氣)는 사전에 보면' 생명력, 활동의 근원'의 뜻이다.

그런데 센 발음으로 끼가 될 때의 뜻은 전혀 다른 맛이다. 몸속에 내재되어 있는 소질에 기가 발동하면서 설레임으로 오는 활력소 같은 것 아닐까? 특히 예술부문에서 많이 쓰이는 말로' 끼가 있다'고 하면 옛날에는 욕으로 쓰인 말 같았다. 그러나 요즈음은 삶의 보너스로 횡재같이 생각하는 사람들이 많은 것을 보면 고정관념의 변화를 읽을 수 있겠다.

신(神) 끼, 화냥 끼, 소리 끼, 춤 끼, 글 끼, 광 끼 등등 … 바람 끝으로 튕겨 내는 몸짓의 향기 같은 것 아닐까?

시 공부를 하던 글 친구가 요즈음 성악공부 때문에 바쁘다. 그녀는 나이답지 않게 긴 머리를 뒤로 단정히 묶어 늘어뜨리고 치마가 긴 원피스 차림의 가녀린 몸매로 매사에 조심스럽게 행동하는 공주 타입의 아줌마다. 그래도 챙이 큰 모자를 곁들여 쓰고 외출할 때면 뒷모습이 처녀 같아 한 번 더 보고 싶은 매력을 지녔다. 음악을 무척 좋아하는 그녀는 취미생활로 음악 감상에 심취하여 살지만, 음치(音癡)에 가까워 여흥 장소에서 돌림 순서가 오면 난처해서 몸 둘 바를 몰라 했다. 그녀의 시가(媤家) 역시 친척들의 모임이 있을 때마다 가요를 불러 흥을 돋우었다. 그 때마다 모두들 목청껏 노래를 불러 분위기가 무르익을 때면 더욱 주눅이 들었다고 한다. 생각 끝에 음악학원에 등록을 하고 발성 연습부터 배워보기 시작했다. 그래도 노래연습에 진전이 없어 고민하다가 본래 잘 트이지 않는 목소리 대신에 두성(頭聲)을 배우게 되었다. 머리로 기를 모아 부르는 발성법은 내가 처음 들었을 때는 공명으로 울리듯이 절개 곧은 소리가 나는 발성법이었다. 두성은 감칠 맛 나는 노래 가락을 기대했다가는 '이 무슨 소리람…' 의아해 말도 못하고 코웃음으로 쿡 하고 웃어야 했는데 부르는 사람도 뻰순이가 되어 목청을 뽑아야만 소리가 나는 폼이 가관이었다.

평소엔 기어 들어가는 목소리로 이야기하여 옆 사람도 잘 알아들을 수 없을 모기 소리만한 음성인 그녀에게 지난 해 송년 회식장에서 노래 부를 기회가 있었다. 그녀는 서슴없이 마이크를 잡고 가곡 「고향」을 불렀는데 소극적이고 내성적인 그녀가 어디서 그런 용기가 났는지, 끼가 아니면 그녀의 어느 구석에서도 찾아 볼 수 없는 기상천외의 행동으로 목청껏 불러대는 그 두성(頭聲)이 큰 회식장에 울려 퍼질 때에야 볼륨이 큰 음성으로 식장 안을 꽉 채우는 진가를 발견할 수 있었다.

'끼'란 놈은 묘한 성질이 있어 숨길수록 기웃거리고, 감출수록 튀어나오고, 틈만 보이면 용기 백배 돌출해 보는 놈이어서 수줍음 많은 그녀에게도 끼의 에너지를 충분히 발휘할 수 있게 만드는 것이었다. 잠잠한 바다에서 조용히 물밑으로 꿈틀대어 충동질하기도 하고, 회오리바람으로 태풍으로 우리를 놀라게도 하고 즐겁게도 하는 삶의 양념 노릇을 톡톡히 하는 놈이다. 그녀 역시 보통사람 같았으면 음치면 팔자거니 하고 살았겠지만 몸속에 숨겨있던 성악의 끼가 보통 창법이 따라 주지 않으니 새로운 음질을 발견하여 끼를 발휘하는 거였다. 두성법을 연구한 외국인 교수에게 사사를 받을 만큼 그녀는 노래에 열심이었다. 요즈음은 천주교 합창 단원을 시작으로 여러 발표회에서 솔로로도 바쁘다고 자랑이다. 그렇게 끼를 살려 도전해 보는 그녀가 부럽다.

나도 발굴되지 않은 끼가 있었던 것은 아닐까? 조물주는 하나씩의 끼는 주신다고 했는데 그녀가 소프라노 가수로 분주하게 나날을 보낼 때마다 나도 유년시절로 거슬러 유추해 본다. 초등학교 시절에 고음(高音)이라고 선생님께서 칭찬해 주시며 학예회 때마다 무대에 세워 주셨는데 노래로 내 앞길을 열어 볼 꿈은 아예 하지 않았던 것을 보면 성악으로는 끼가 아니었나 보다. 수학시간 마다 수업이 어찌나 재미있었던지 나는 다음에 수학선생이 되어 이런 문제는 요렇게 가르쳐 주면 학생들은 더 쉽게 풀이 할 수 있을 텐데' 하며 배우는 입장보다 가르치는 입장에서 공부를 했다. 나는 선생이 되면 아이들을 잘 지도할 수 있을 것 같았다. 그럼 나의 끼는 교육자의 끼였을까? 그러나 나는 선생도 되지 않았다. 결혼하여 살면서 동네 상가에 점포를 하나 분양 받고는 임대가 잘 이루어지지 않아 직영한 때가 있었다. 아동복을 판매했는데 새벽마다 남대문 시장을 누비면서 새로 디자인된 어린이옷들을 볼 때면 내 아이들 옷 살 때의 심정으로 마음껏 골라 구입하는 일에 신바람이 났다. 시장 입구에서부터 보물섬에 들어가듯 새 물건에 대한 기대심은 긴장감으로 늘 팽팽 했다. 상점에 옷들을 진열할 때도, 부모들이 아이들에게 이옷 저옷 입혀 보고 꼭 맞는 옷을 골라 흡족해하며 돌아가는 것을 보면서도 보람 같은 뿌듯함을 느끼곤 했다. 누가 시켜서 하라면 했겠는가? 전혀 예기치 못했던 상(商) 끼가 있었던 것 같았는데 그 마저도 아니었다. 그렇다고 여사장이 되어 있는 것도 아니지 않는가.

무난히 아이들 탈 없이 키웠고, 남편도 순탄하게 자신의 몫을 잘 지켰고, 우여곡절을 겪으면서도 집안을 잘 이끌어온 나는 주부다. 그러나 살림꾼으로 깔끔하고 멋스럽게 살림을 한 것도 아니고 세월 따라 익혀가며 묵혀가며 버려가며 살았으니 살림 끼로 볼 수도 없지 않을까? 공연스레 이끼 저끼 참견하는 호기심만 있었나 보다. 그것을 끼로 잘못 해석했었나?

나를 군불처럼 따갑게 달구어 가는 끼는 과연 무엇일까? 아이들도 장성하여 내 손안에서 벗어나려 하고 군기

잡던 남편도 정년퇴직을 하고는 느슨해지니 빈손 휘저어 본다. 무슨 끼가 나에게 이제부터 삶을 꾸려 갈 새로운 용기와 희망을 줄 것인가? 끼 속에 끼워져 나를 달달 볶고 싶다. 여중 때 국어 작문시간에 내 글을 반 친구들에게 선생님께서 읽어 줄 때면 나는 가슴을 울렁였다. 짝사랑만 해 오던, 가슴에 늘 설렘으로 출렁이던 글쓰기 공부로 객기라도 부려 볼까? '끼'란 친구를 보더라도 도전과 함께 오지 않던가. 그래서 요즘 글공부와 씨름을 해본다. 마음을 전달해 보려니 필력이 따라 주지 않고 한 작품이라도 욕심껏 써 보려고 하면 뚜렷한 명제가 집히지 않는다.

요즘, 대학원 수준의 음악학원에 입학하여 부지런히 공부하는 그녀는 보통 성악가도 쉰의 나이면 쉴 나이라는데 딸의 나이인 20대 젊은 대학원생들과 오페라 연습하느라 바쁘다. 원어로 가사를 외우며 설거지를 하는 늦깎이 끼가 발동한 예이다. 자질을 발굴하여 개척하는 늦깎이의 광기라도 있었으면 좋겠다. 그럼 나에게도 글끼가 살아나 잘 풀리지 않는 글귀는 그 끼의 추임새로 장단을 맞추어 신명나는 삶을 살아 볼 텐데.

끼 있는 사람은 아름답다.

나 하나 쯤이야

1998년도에 국제통화기금 전쟁으로 IMF가 우리나라를 덮쳤을 때였다. 매스컴에서 떠드는 대로라면 무방비 상태에서 듣도 보도 못했던 적군을 맞은 셈이었다. 한국전쟁으로 놀란 가슴은 또 전쟁이란 단어에 두 눈만 휘둥그렇게 뜨고 정보를 예의 주시했다. 우선 달러를 보유하기 위해 정부에서는 급한 마음에 금 모우기 운동을 펼쳤다. 나도 첫날 애국지심으로 참가했다. 시어머니께서 며느리들에게 하나씩 해 주셨던 금반지며 결혼 때 받은 쌍가락지, 남편이 직장에서 10년 근속, 20년 근속, 또 기념일 때마다 받아오던 금붙이들을 모두 챙겨 은행에 갔다. 아들 친구인 준호 어머니가 먼저 와 있었다. 나를 보더니 며느리가 시집올 때 선물로 준 남편 마고자 금단추도 "떼어 와요, 말아요." 하고 묻는다.

"당연하지. 빨리 떼어 와요." 가위로 자르는 시늉을 두

손가락으로 했다.

"그럼 다녀올게요."하며 은행 문을 확 밀치며 뛰쳐나간다. 그렇게 IMF는 어느 날 갑자기 나타났다. 그 다음 또 무엇을 어떻게 해야 총 없는 전쟁이라는 이 경제전쟁을 막을 수 있을까. 정부가 가르쳐 주는 대로 대처할 수밖에는 없는지 발을 동동 구르는데 같은 아파트 5동에 사는 102호 부인이 전화를 했다.

"IMF 대처는 우선 달러를 절약해야 돼요. 특히 수입품을 사지 말고, 휘발유를 절약하고, 수출을 부지런히 하고 그리고 국산품을 애용하고 …" 경제학과 출신답다.

그래서 집안의 전등도 저녁에 식구가 모두들 들어오기 전에는 안방만 켜 놓고 다른 곳은 필요할 때만 다니면서 켜고 끄고, 유리창엔 비닐로 봉해 왕 바람을 막아 난방비를 절약하고, 빨래도 며칠 모아 한꺼번에 하고, 대중교통으로 탈것을 해결하고 ,또 무엇을 절약해야 이 난국을 헤쳐 나갈 것인가를 걱정했다.

요즈음 신문을 볼 때나 TV화면에서 '아빠 힘내세요.' '실직자 150만 명 넘었다.' '내가 왜 실직을 당해야 하는지 알 수가 없다.' '내가 겪고 있는 IMF.' 프로 등 울먹이는 얼굴로 낭패감에 시름겨워하는 화면을 볼 때마다 IMF 방망이의 무차별 구타에 화가 치민다. 봉급은 10~20%

삭감되었다. 생산기계들이 다른 나라로 중고값에 팔려 나가고, 한국전쟁 이후 얼마나 힘겹게 마련한 기계들인가. 억장이 무너진다. 단기금융 만기가 되어 3월이 위기라 했는데 어떻게 연장도 하고 하여 모면했고 6월이 또 위기라 한다.

101호 부인이 전화를 했다. 103호 남편이 병원에 입원했을 때도 병문안도 못 가고… 남편이 집에 계시니 위로도 해 줄 겸 밖으로 불러내자고 한다. 몇 달만에 모처럼 만나 남편 병구완하느라 애쓴 103호 부인도 위로 할겸 이태리 음식점에서 점식 식사를 했다. 101 부인은 미국에 있는 딸이 요즈음 우리나라에도 상영하여 히트 한 '타이타닉' 영화를 꼭 보라고 했단다. 결혼하고는 영화관에도 담을 쌓고 살았었는데 친구도 위로 할겸이라니, 점심도 먹었겠다 극장 표 석장을 얼른 샀다. 상영시간을 기다리는 동안 베스킨라빈스 아이스크림 집에서 아이스크림으로 달콤 시원하게 후식을 마치고 영화관에 들어갔다.

초호화 화면에서 사상 최대의 보트를 만들고 2000명 이상을 태우고 유람하다가 빙하에 난파되는 끔찍한 장면들을 실감나게 보고, 103호 부인의 승용차로 집까지 무사히 왔다.

저녁 무렵, 선약이 있어 오늘 함께 참석하지 못했던

102호 부인이 전화를 했다.

105호인 나는 오늘 셋이서 점심식사하고 영화 관람까지 하면서 잘 지냈던 이야기와 다음에 만날 약속을 전해주었다. " 다음에 만날 때는 등산복 차림에 서울 랜드 수목원에 가기로 약속 했어요. 승용차로 서울 랜드까지 가기로 했고, 점심은 그 근처 음식점에서 사 먹기로 했구요." 102호 부인 왈 "지금 우리나라에서 최고의 매수를 올린 그 영화 '타이타닉'이 문제에요. 영화감상비 육천원이 문제가 아니고 극장마다 매진이 되어 우리나라 달러가 얼마나 날아가고 있는지 알아요? 나는 수목원 걷기 운동에 참석하지 못 할 것 같아요. 여러분이나 다녀오라구요…" 찰칵 전화 끊어지는 소리가 들린다.

"어머, 성질도!"

102호 부인이 아껴야 된다던 휘발유, 외재 아이스크림, 커피, 이태리식 양식, 외국 영화 감상 등 갑자기 가슴이 철렁한다. 나라의 위기를 그새 잊어먹고 경거망동인가.

과일이나 사 들고 103호 부인네 집으로 병문안 인사나 했어도 면목도 서고 이토록 계면쩍지는 않았을걸. 102호의 핀잔이 잔소리 같아 수화기에 입을 삐죽이 내밀며 다시 전화 다이얼을 돌리고 "그래. 알았어요. 명심 ! 전철 타고, 도시락 싸고 ,뜨거운 국 싸가지고 금요일에 수목원에 갈테니 준비하고 나와요" 나팔 부는 시늉을 해가며 사과했다.

위기의식을 갖고 대처해야 위기는 모면한다. 1500억 달러 빚에 이자 100억 달러 이상이고, 1년에 2,3 백억 달러를 모아야 빚을 갚을 수 있다는데.

가슴을 태워가며 정으로 때 묻은 금붙이도 운동에 참여했으면서 삼 개월 만에 나도 모르는 사이 무방비 속에서 외화소비에 젖어있던 습관을 버리지 못했다 .

"IMF 시대가 아니라 부유층에선 'I am happy'시대라며? IMF위기설을 먼저 알고는 달러를 사 모았다는 거야. 그리고는 금도 사 모았대나 어떻게 했대나… 은행 이자가 두배로 올랐으니 더 소비하고 낭비해도 넘치고 말이야"

이런 넋두리로 화풀이만 해댔었다

투병

우리 부부가 맞벌이 할 때였다. 두 아이와 집안 일을 돌봐주던 도우미 아주머니가 고향에 내려가면서 가사 일을 돌볼 사람이 없어 허둥댔었다. 고향에 계신 시어머니께도 연락을 드렸더니 그 이튿날 어머니는 서른 댓살 정도의 젊은 여인과 함께 오셨다. 선한 눈매를 가진 그녀는 반짝반짝 빛나는 눈망울에 첫인상부터 귀염성이 있어 보였다. 어머니는 서로 잘 지내라는 당부를 하고 농사일이 바쁘셔서 급히 고향으로 내려 가셨다. 먼 친척뻘이 된다는 그녀는 남편을 오빠라 부르고 나를 언니라 불렀다. 남편도 아무개 댁 딸이라니까 안심하는 눈치다. 중년의 나이로 이제까지 어디서 무엇을 하고 살았었기에 결혼은? 아이들은? 내심 궁금하여 물어 보았다. 초등학교 선생님과 결혼하여 아이들도 둘을 낳아 행복하게 잘 살았단다.

남편의 외도로 두 집 살림을 하면서 그녀는 신경쇠약으로 친정으로 돌아오게 되었고 머리도 쉴 겸 우리 집 일을 도와주러 왔다는 것이다. 처음엔 처지가 딱해 안쓰럽게 듣다가 나중엔 아이들이 보고 싶다고 눈물을 훔치는 그녀를 보며 남편들의 책임감 없는 행동에 나도 열을 올리며 같이 눈시울을 붉혔다. 그리고는 시누이로 서로 의지하며 잘 살아 보리라 마음에 다짐도 했다.

그렇게 며칠이 지났다. 식후에 알약을 먹는 것을 보고 처음엔 소화제 정도로 짐작했는데 지속성 복용임을 알게 되었다. 신경 안정제란다. 남편의 외도 이후, 정상적인 생활을 할 수 없을 만큼 병이 깊어져 그녀의 친정에서 서울 OO병원에 입원을 시켰다는 것이다. 그래서 그곳에서 지내다가 이제 병세가 많이 좋아졌단다.

"내 병은 이제 다 나았어요. 나는 이제 새 삶을 찾고 싶어요. 열심히 살아 볼게요."한다. '환자였구나.' 순간, 두 어린아이를 돌 볼 사람이 환자라는 말에 나무토막이 내 머리에 떨어지듯 멍해진다.

남편은 완쾌되었다니 그냥 함께 살아 보자고 했고 나는 반대했다. 내가 항상 집에 있는 사람이라면 환자도 돌보아 주고 함께 위로도 해가며 살아보겠지만 달랑 어린 두 아이와 그녀를 두고는 집에서 발길이 떨어지지가 않았다. 그녀가 오고부터 집안은 윤기가 흐르고 깨끗한 빨래와 맛깔스런 반찬과 아이들 보살핌이 제 살림처럼 잘 해주어 빠른 속도로 식구들과도 정이 들고 있었다. 그런데도 밤에 잠이 오지 않았다. 병의 증세가 어떠했냐고 물어 보니 집밖을 헤맨다는 것이다. 정상인도 격한 감정을 수습하려면 때론 헤맬 때가 있는데 어디까지를 병으로 진단한단 말인가.

OO병원 치료'라는 선입감이 나를 혼란스럽게 했다. 약을 복용하니까 괜찮을 거야' 하고 믿어 보려 해도 그렇게 생각하면 할수록 반작용으로 나의 신경은 점점 더 불안했다. 차라리 그녀가 자신의 처지를 처음 올 때처럼 가벼운 기분전환 정도로 계속 적당히 둘러대기라도 했다면 그냥 지나칠 수도 있었을텐데… 그래도 솔직하게 다 이야기해 준 그녀가 고맙기도 했다.

며칠이 지난 아침 일찍, 나는 결심을 하고 고향을 찾아갔다. 나를 보자 어머니는 웬일로 이 시골까지 바쁜 네가 왔느냐며 놀라시고 나는 그녀를 돌려보내겠다고 간곡히 말씀드렸다. 이젠 완쾌된 사람을 왜 상처를 주어 또 괴롭게 만드느냐고 만류하시는 어머니가 야속해 나는 시골로 도로 데리고 오겠노라고 엄포를 놓았다.

"나는 자신이 없어요. 그 시누이를 돌 볼 여건이 아니잖아요. 어머니, 그 사람은 환자예요. 그리고 제가 그 병에 대한 예비지식도 없고요." 나는 막막했다.

"아니다. 다 나았대. 병원 의사한테 허락까지 받았다더라. 그럼 그냥 좀 데리고 있다가 기회를 보아서 데리고 오마. 너도 집 볼 사람이 없어 당장 급하다면서 서로 도와주면 좋을 텐데 너는 그렇게 까다롭니?" 못마땅해 하시는 어머니와 나는 서로 팽팽한 입장이 되었다. 밤이 이슥토록 서울에 올라 갈 기미도 없이 버티는 며느리. 결국 어머니는 그 친정에 가서 며칠 후 그녀가 약을 타러 병원에 갈 때 함께 가서 담당의사에게 인계해 주라는 전갈을 받아왔다. 집에 돌아오니 그녀는 우리 집 일에 익숙해져 재생을 해 보려는 의지로 생기에 차고 활기가 있었다. 나는 죄지은 심사가 되어 시골에 다녀 온 것을 기척도 내지 못했다. 그리고 머릿속은 온통 뒤죽박죽이 되어 예약 날자만 손꼽아 기다렸다.

병원에 갈 날이 왔다. 그녀의 집에서 가르쳐 준 대로 나는 그녀와 집을 나와 병원으로 갔다. 그녀는 "이 지겨운 곳을 빠져 나오는 것이 저의 희망이었어요." 하며 생긋 웃는다. 정말 나의 잘못 판단으로 완치될 수 있는 이 젊은 여성에게 절망을 주는 꼴이 되면 어쩌나. 집에서 떠날 때라도 그녀에게 이해를 호소했다면 이토록 자책하지 않아도 될 것을, 그러면 그녀는 나를 속 좁은 여자로 생각하고 씁쓸하게 체념하고 말았을 텐데. 이렇게까지 해서 데리고 온 처사가 몹시 후회스럽기도 하다.

담당 의사를 만나 보니 미리 식구들에게 연락을 받은 듯했다.

"아, 잘 왔어. 시험 삼아 보냈는데 어때. 며칠 지나고 보니 살 만 해요?"한다. 시험 삼아 보냈다고? 그럼, 우리 집이 그녀의 투병장이었던 모양인데 한마디 귀띔도 없이? 그들은 이렇게 해서라도 자신과의 싸움에서 세상을 극복할 수 있는 힘을 기르며 병과의 고된 시련을 극복하려 했구나.

의사는 그녀를 달래듯 오른손으로 부드럽게 어깨를 두드린다. 그리고 왼손으로 나를 가르키며 문 밖으로 나가기를 권한다. 순간 일그러진 그녀의 얼굴이 벌개지면서 겁먹은 시선이 나에게 멎는다. 이내 가여운 눈빛이 나를 옥죄게 한다. 나도 벌을 받고 있는 기분이어서 달게 받겠다고 마음을 다지며 그녀를 바라보니 그녀는 몸도 휘청거린다.

'잘 있어.'하고 인사를 할 수도, 같이 나가자고 할 수도 없는데 그녀는 "언니, 잘 가요."한다. 그리고 손짓을 하며 미소 짓는다. 모든 삶을 달관한 태도로 그녀의 젖은 눈매가 물을 가득 담고 있다. "응, 건강해야 해.", '나'만을 생각하는 이기적인 보호 본능만으로 남을 배려해 보지 못한 강박관념이 어쩌면 더 환자일수도 있겠다는 생각을 해보며 '미안해. 미안해' 입 속으로 중얼거리며 복도를 뛰었다 .

병은 인간의 힘으로 고쳐지는 것이 전혀 없다고 한다. 질병은 자연의 힘으로 고쳐지는 것이지 의사의 힘으로나 그 아무 것도 고칠 힘이 없단다. 병이 더 퍼지지 않도록, 상처가 더 곪지 않도록 수술하고, 약을 주고, 보완해 주는 것 밖에는, 자생의 생명력만이 새살을 돋게 하고 살아갈 수 있도록 조물주는 만드셨단다. 그녀의 병도 마음의 안정이 우선이었을 것이다. 그녀가 투병생활에서 자생력을 갖도록 기다리며 돌보아 주려면 맡겨지는 우리에게도 도움을 청해 그녀의 아픔을 함께 나누었어야 옳았다. 그런데 그녀에게 또 상처를 준 것 같아 오랫동안 그녀를 생각할 때마다 양심이 부끄러웠다. 그 당시는 그렇게 해서라도 내 아이를 돌보아야겠다는 모성본능 밖에는 없었으니까.

지금은 정신과 진료를 머리만 아파도 가고, 과로나 불면증으로도 가고, 우울증이나 조울증으로도 간다. 이렇게 많이 보편화되어 있는 진료과목을 그 옛날 나의 무지로 저질렀던 에피소드다.

20여년도 훨씬 지난 지금 그녀는 건강하다. 고향에 다니러 갈 때면 그녀의 집 앞 길목을 거쳐서 고향집에 들르게 되고, 텃밭을 가꾸는 그녀와 자주 만나게 된다. 그녀는 빙그레 웃으며 반갑게 인사해 주고 나도 그녀의 두 손을 꼬옥 잡아주며 반갑게 답해 준다. 그때 내가 도움이 되어 주지 못해 안타까웠던 정황을 실어서, 오히려 나의 옹졸함을 용서해 주고 어루만져 준 시누이가 고마워서. 나는 다시 떠 올려서 상흔이라도 건드릴까봐 더 이상 말을 잇지 않았다.

"언니, 이젠 농사꾼이 다 되었네요. 텃밭도 잘 가꾸셔서 푸성귀 먹을거리는 유기농으로 충분히 잡수시죠?"

항상 빙그레 웃으며 다정하게 인사해 주는 그녀는 여전히 내게 푸근함과 여유로운 감성으로 대해준다. 나는 몸 둘 바를 모르겠다. 정말 조급하고 소심했던 내가 이제까지 투병하고 있었나 보다.

모래 한 알에 벌금 100만원

태풍이 제주도와 남해안 일대를 덮친 이틀 후. 2년 전부터 계획했던 졸업(15기) 40주년 기념 여행(2박 3일)을 우리는 예약된 일정대로 떠났다. 바람에, 해일에, 수해를 당한 도민들의 상심도 염려되었는데 오늘의 일기예보 역시 제주에만 또 비. 이래저래 착잡한 마음으로 김포공항에 들어섰다.

동문들은 집결하기로 한 오후 2시 보다 훨씬 앞선 정오 12시부터 와서 기다리고 있었다. 강산을 네 번이나 변하게 하고 만나니 첫사랑 만날 때처럼 설레어 날씨도 문제가 되지 않았나 보다. 그리고는 송편까지 싸 가지고 와서 나누어주는 친우라니. 먼발치에서부터 알딸딸한 표정으로 다가오는 옛 친우에게는 박수로 맞아주기도 했다. 그렇게 흥분 속에 우리는 모여 항공기에 몸을 실었다.

제주 공항에 도착하자 뜻밖에도 활짝 갠 날씨가 우려를 걷어내고, 열대 가로수가 시원스레 맞아준다. 제주 도민들도 이럴 때일수록 더욱 활기찬 관광사업으로 복구를 속히 서둘러야 한다며 반가이 맞아주는 것이 아닌가. 여행 진행에 무리가 없을 듯, 안도와 함께 붕 뜬 기분으로 국제적인 관광도시로 개발되어 가는 섬 도시의 모습을 51명의 벗들은 호기심에 찬 눈빛으로 창밖을 내다보았다.

도착한 오후 4시 반부터 저녁식사 전까지 용두암 관광을 시작으로 삼성혈과 도깨비 도로에도 갔다. 오르막 길 위에 주전자 물을 부으니 위로 올라가며 흐른다. 자동차가 기아를 중립에 놓았는데 굴러 올라간다. 그러나 이 길은 내리막길이었으며 착시 현상일 뿐이었단다. 인생의 마루터기에서 마음은 청춘으로 치닫는 이 들뜬 기분과 무엇이 다르랴.

싱싱한 제주 횟감으로 우리 입맛을 돋우어 준 환영회, 서쪽에 위치한 '이호 해수욕장' 앞의 숙소인 '레드 월 하우스'에 도착하자 쏴아 하는 파도 소리, 어둑한 해변에서 풍기는 비릿한 바다 내음, 모두가 일상에서 벗어났음을 실감케 한다. 일행은 미리 지정해 준 방 배치 명단대로 들어가 여장을 풀었다. 오랜만에 만난 벗들과는 쌓인 이야기도 더 많아 도깨비 길처럼 40년 전의 재잘거리던 여고시절로 쉽게 거슬러 올라갔다. 세월의 간격을 좁힐 시간도 필요했는지 서먹한 낯가림으로 선잠에 뒤척이기만 한 친구들도 있었는데 착시와 정시, 그 사이를 오고 가는 모양이다.

다음날, 아침 일찍 바닷가에 나가 일출을 바라보며 빙 둘러서서 신 선 동문이 가르쳐 주는 요가로 가벼운 운동을 했다. 해장국으로 아침식사를 하고 버스에 타니 하룻밤 함께 잔 것만으로도 더욱 흡족한지 모두들 밝아진 표정이다.

오전은 한라산 등반. 짧은 일정에 맞추어 한라산 국립공원의 어리목까지는 버스로 가고, 30분쯤 산행으로 올라가면 어승생악(1196m) 정상이다. 제주도 기생화산 중 가장 큰 산체일 것이라는 오름. 올라가는 길은 숲길로 잘 다듬어 놓은 산길이라 힘들지도 않다. 주위에 엉켜있는 고산식물의 꽃들이 만발하여 저마다의 아름다움을 뽐내고, 특히 노란머위꽃과 진분홍의 엉겅퀴꽃들이 군락을 지어 환영해 주니 마치 우리가 흩어져 살았지만 각기 하는 일마다 서로가 능력껏 발휘하여 예술가로, 학자로, 봉사자로, 주부로 피워낸 꽃이 오늘의 동문들의 군락을 이룬 양하다.

정상은 소갈머리 없는 대머리였다. 그래서 전망이 다 보여 앞이 탁 트인 시야가 좋았다. 거침없이 부는 시원한 바람도 땀을 식혀주어 흡족했다. 이순의 나이가 된 동기들 역시 살면서 빨리 올라 온 벗들은 벌써 정상에 닿아 이렇게 마음을 다 열어 놓았으리라. 여러 오름을 둘러 볼 수도 있다. 한 켠으로는 마을도 보인다. 멀리 보이는 백록담이 있는 정상은 구름이 걸쳐있어 잘 보이지 않고, 부끄러움 타는 날이 더 많아 화창한 날에 잠깐 얼굴을 내 비췬단다. 그 모습이 부끄러움 타던 여고시절을 그립게도 하는구나.

소인국 테마 파크, 주상절리, 천지연 폭포, 약천사도 관광하였다.

해수탕에서 피로도 풀고, 갈치 졸임으로 저녁식사도 마치고 숙소로 돌아왔다. 아주 친했던 벗들 말고는 이름 외워 부르기도 힘들었는데 하루 종일 짓궂은 농담으로 놀리기도 하며 급기야 위험수위를 넘나들 만큼 허물없는

Y담으로 배를 쥐고 웃게도 하는 동창생들. 모두들 어제 설친 잠을 보상이라도 하듯 잠자리 펴기에 급급하다. 더러는 옛 추억을 더듬어 밤을 지새우는 친우들도 있었다.

마지막 날의 소가 누운 모양의 우도 관광. 제주도 동쪽 끝에 위치한 제일 큰 섬. 우도 팔경을 따라 섬을 한 바퀴 돌아본다. 우도봉 정상에서 잔디에 앉아 60대 여인들의 꽃 사진을 한 장 찍고, 동쪽의 깎아지른 듯한 벼랑 밑으로 내려가 기이한 암벽에 부딪치는 물보라를 감상하며 옛 시절의 추억에 젖어 삼삼오오 손을 잡고 해변가도 거닐었다.

이 섬은 바람을 막아주는 까만 돌담들이 많다. 무덤이며 밭이며 집 담이며 여러 형태로 쌓아 역경을 딛고 살아가는 우도 사람들의 굳건한 의지를 보는 듯 하다. 물질하다 햇볕에 덥혀진 돌담 밑에 숨어 몸을 녹이는 해녀들이 보일 것 같은 아늑함도 엿보이는 바람 부는 마을. 하기사, 물질만 어렵겠는가, 뭍질도 어려운데. 우리 인생에서도 숨고 싶을 때마다 얼마나 필요한 담들이었나. 바람막이 돌담 하나 떼어 오고 싶어라.

서빈 백사는 또 어떻고. 산호가 부서져서 형성된 새하

얀 백사장에 청정한 쪽빛 바닷물이 발목을 적시는 해변이다. 몇몇은 발 벗고 물에 들어가 조개껍질도 줍는다.

"발가락 사이에 모래 한 알만 끼어도 벌금이 100만원이래. 빨리 다 털고 나와" 한마디에 모두들 까르르 웃었다. 주운 것 모두 두고 올 수밖에. 이 귀한 산호 조각이 모여 생긴 해수욕장이 아니냐. 맑고 깨끗함이 천길 속의 조가비까지 다 들여다보여 더욱 기가 막힌다. 우리 삶의 진실을 투명하게 비춰보는 해맑은 마음씨 같아 제법 깊은 물속의 진귀한 돌들까지 한참 들여다보았다.

성산 일출봉, 섭지코지, 올인 촬영지, 성읍 민속마을, 신굼부리, 김녕해녀촌, 목석원 등을 저녁 늦게까지 관광했다

이 제주도의 화산섬들은 천해의 모양새로 관광객을 홀리게도 하고, 동굴에서 음악회도 하게 한다. 폭풍우를 동반하기도 하고, 태풍도 잠재우는 넓은 가슴으로 바다 생물들을 모두 품어 사는 모습이 더욱 아름다운 섬.

모두들 한 마음이 되어 2박 3일 동안 둘러 본 제주와 더욱 친해져 푸근하게 쉬고, 옛 우정도 찾아 해후하고 돌아간다. 석별의 정을 나누며 저녁식사를 전복죽 별미로

먹고 저녁 8시 40분 제주 출발, 9시 40분 서울도착에 탑승한다. 다음 또 40년이 지나 80주년을 기약하며… 얘들아, 건강하자.

봉사 제 닭 잡아먹기

서울 모동 주공 1단지에 11평짜리 아파트를 한 채 가지고 있었다. 그 아파트가 요즘 재건축 사업으로 시공자 선택 때문에 한창 뜨거운 감자가 되었다.

처음에는 세 회사에서 경쟁이 붙었다가 한 회사가 기권을 했고 A사와 B사가 경합을 벌였다. 이 두 회사는 도색도 화려한 표지에 선진화로 설계된 재건축 사업 참여 계획 설명서를 책자로 만들어 아파트 주민들에게 배포하기 시작했다.

나도 이번 일은 소중한 재산권을 행사하는 일이므로 열심히 우편물들을 점검해 보고 조합원 모임에도 참석하곤 했다. 그런데 시일이 지나면서 자기 회사의 계획을 선전하기보다 점점 상대 회사의 약점을 잡아 비방하기 시작했다. 상대방 회사는 입찰 기준을 어기는 회사라나?,

또 현재 경쟁 회사가 짓고 있는 옆 동네 아파트의 건축 약속 위반은 주민들을 우롱하는 처사라는 둥, 단일 브랜드가 아니라는 둥, 지역난방이 공약에서 빠졌다는 둥, 점점 헷갈리게 하고 이주비용을 어느 쪽이 더 많이 보장해 주겠다는 것으로 사탕발림도 한다. 그러더니 자존심 싸움이라며 자기 회사의 공약을 추가하기 시작했다. 남향 비율 100%, 강진에도 끄떡없는 튼튼한 내진 설계, 조합원 선호 평형을 고려해 소형 평형을 줄이고 대형 평형을 늘리겠음, 호텔식 인테리어에 최고급 마감자재로 짓겠단다. 혹시 공약을 남발하지나 않은 걸까? 하고 눈에 쌍심지를 돋우고 양쪽 팸플릿을 비교 분석한다. 서로 긁히고 할퀴고 하니 어부지리라고 쾌재를 부르기도 하면서.

투표일이 점점 다가오자 두 회사 직원들이 삼삼오오 짝을 지어 조합원의 집을 방문하기 시작했다. 현주소가 가락동인 우리 집에도 주스 박스를 들고 왔다.

"뭐 이런 것까지…" 하며 거절했더니 빈손으로 방문하기 송구스러워 가지고 왔단다. 며칠 후 또 직원들은 번갈아 가며 주스 상자를 두고 갔다. 나도 점점 계면쩍던 심사가 누그러지고 '아~ 예의 바른 회사 사원들은 다른 모양일세'하며 그냥 받게 되었다. 양쪽 회사에서 받다 보니 댓 상자가 쌓였다. 같은 동의 아파트를 가진 친구가 전화를 했다. 나는 그 집에도 주스를 가지고 찾아 갔더냐고 물었다.

"우리 집은 주소가 잘못 적혔었나봐. 빨리 정정해 놓아야겠어. 다음에 그 집에 또 오면 우리 집 것도 받아 놓아. 나중에 가지러 갈게." 농담 반 서운함 반으로 그녀의 입맛 다시는 소리가 수화기에 들린다. 그 다음엔 또 점점 직위가 위로 보이는 직원들이 찾아와 송구스러울 정도로 고개를 숙이며 부탁을 하고 간다.

이제는 아예 조합원의 집을 할당을 받았다며 승용차를 대문 앞에 대기하고는 모델하우스를 가 보자고 한다. 그래서 친구와 나는 그 회사 사장 부인이나 된 듯이 직원의 시중을 받으며 모델 하우스를 둘러보았다. 다음날은 물론 다른 회사의 모델 하우스도 같은 방법으로 둘러보았다.

'탄탄하게 잘 자란 아들놈 같이 견고함 마저 느껴지는 A 아파트, 아기자기한 딸 심성을 닮은 것 같이 포근한 느낌의 B 아파트', 둘 중의 하나를 골라 갖게 된다니 흥분이 되어 양손에 떡을 쥐고 고르지 못하는 아이의 심정으로 행복한 고민에 젖었다.

손가락의 지문을 현관문 단추에 입력만 하면 열쇠가 필요 없이 열리는 아파트 문, 부엌 가구에 달린 손바닥만 한 액정 화면으로는 TV며 무인 카메라 회로장치며 인터폰이며 모든 정보를 다 볼 수 있고, 거실의 커다란 벽걸이 TV로 홈쇼핑이며 화상전화까지 다 할 수 있는 인터넷 아파트 아닌가. 거기다가 요즘 주부들에게 인기 있는 김치냉장고 까지 덤으로 주겠다니 웬 횡재인가. 모델 하우스를 구경하고 나서 리셉션 홀에 마련된 다과와 방금 뽑은 커피로 피로도 풀고 이렇게 며칠 동안을 다른 일 다 팽개치고 두 회사로부터 더블로 호강을 받았다.

추첨 일이 왔다. 다리를 다쳐 절룩이며 가야 할 친구의 동행이 안쓰러워 내가 찍고 싶었던 회사에 마치 한 표 선심 쓰 듯 유도하여 그 직원들의 승용차를 타고 올림픽공원 역도경기장에 마련된 투표장까지 갔다. 친구와 둘이서 객석에 앉아 한 시간여 동안의 쇼프로도 관람하고 객 장 둘레 곳곳에 마련된 투표함에서 투표를 진행하는 동안 개표 준비가 될 때까지의 막간을 이용하여 재건축 추진 위원회 임원 선출도 진행이 되었다. 그런데 미리 준비되었던 듯 보디가드들이 입장하여 개표장 둘레에 열 발자국마다 서는 것이 아닌가. 오 천 가구 이상의 아파트 주민들로 삼천 칠백 명이 운집해 경기장 안을 메운 인파가 회의 진행에서 의견 충돌이 될 때마다 한쪽이 우우 하고 야유 섞인 휘파람을 불며 소란을 피우면 집 담이 무너지는 소리가 되고 다른 쪽이 일어났다 앉기만 해도 파도타기가 되어 닫힌 공간의 술렁거림은 시한폭탄 같은 위기감마저 감돌게 한다. 가끔 신문이나 TV뉴스에 조합장의 비리가 속출하고 몇 천 명의 재산이 사기 당하거나 새거나 낭비가 되지 않던가. 이렇게 막중한 사업을 맡길 일꾼을 뽑는 일이기에 나도 시선을 무대에 꽂고 예의 주시 해본다. 비밀투표로 선출하기엔 오늘 저녁으로는 시간이 모자란다며 거수로 뽑기를 원하는 조합원들, 발언권을 안 준다고 단상에 뛰어 올라가는 회원, 멱살을 잡고 날렵한 몸짓으로 끌어내리며 분위기를 제압하는 터프가이들, 이렇게 큰 공사를 맡기려면 전문성을 지닌 조합원을 뽑자고 목청을 돋우어 악을 쓰는 회원도 있었다. 마치 TV 화면에서 언뜻 본듯한 국회의 한 장면을 현장에서 공개 시청한 것 같은 착각마저 들었다. 이렇게 살벌한 분위기 속에서 조합장과 임원 및 대의원들도 선출을 했다.

시공자 선택이 남았다. 투표함이 모아지고 개표가 시작되자 숨소리조차 들리지 않는 고요가 객장을 숙연하게 만들었다. 무대의 개표 장소만 라이트를 밝게 비추고 어두워진 실내조명, 도우미 아가씨들이 양쪽으로 서서 투표용지를 가른다. 양옆으로 두 회사 직원들이 지켜보고 서 있더니 수 십 분이 지나자 대강 짐작이 가는 듯 서로 핸드폰으로 연락을 주고받고는 한 회사 직원들이 뒤로 물러난다. 그리고 이 백표 정도의 근소한 표 차이로 개표가 끝나자 승자는 환성을 올리며 만세를 불렀다. 얼마나 이익이 되는 장사이기에 이토록 열광하는 것일까?

투표장을 나오니 어느새 어둑해진 밤이다. 하루 종일 이렇게 시달렸구나 싶다. 친구는 볼 일이 있다며 다른 방향으로 가고 버스 정류장까지 걸어 나오는데 조금 전까지의 호강이 꿈이었던 것 만 같다. 밤바람에 머릿속이 상쾌해지고 그 동안의 수선스러웠던 일들이 밤하늘에 스친다.

'그래, 그 동안의 시공자들의 당첨권 추첨운동 비용으로 수십 억원이 들었다고 했지?' 꼭 그렇게까지 해야만

했던가. 내가 자그마한 선심으로 여겼던 주스 댓 병, 다과와 커피, 음식접대, 승용차 탑승 등이 말이다. 내가 별로 아쉽지도 않았던 접대들을 무심코 받고 있던 사이에 내 집을 지을 공사비가 축이 나서 부실공사가 될 수도 있고 추가 부담금도 더 많이 책정된단 말이지? 결국은 내 돈으로 호강한 셈인데 왜 그 동안 이런 생각들을 못했던 것일까. 탈락한 회사가 그 동안에 뿌린 액수는 또 어떻게 채워 놓을 것인가.

이제까지 꽤 많은 선거를 치르면서 몸에 잘 익힌 줄 알았던 민주주의 선거정신이 나를 포함한 아파트 주민들에게 확고히 굳혀만 있었대도, 그래서 선물 공세 등을 단호하게 거절했더라면 과대한 선거 비용으로 낭비하지 않아도 될 절약이 아닌가.

그리고 택시를 타든지 버스를 타고 갔든지 할 것을, 굳이 표를 빌미로 과잉 친절까지 부추기는 사행심을 부리지만 않았더라도 깨끗한 한 표의 자긍심을 지켰을 텐데 말이다.

우리 정치가들이 투표할 때마다 금권선거니 관권선거니 타락선거니 하여 정치자금으로 비자금으로 자칫 곤경에 처할 때마다 '왜들 저래' 라고 했던 일들을 답습한 꼴이 되었으니 끝나고 나서야 뒷맛이 씁쓸하다. 거기다가 친구의 주스까지 챙겨주려 했던 나의 몰지각한 언행이여. 집에 돌아오니 주스병들이 아직도 거실 구석에 놓여 있어 낯이 붉어진다.

바보들의 찻집

지난 일월 중순께 문우들 십여 명과 함께 강원도 인제의 빙어축제에 갔었다. 올해 겨울날씨가 포근하여 얼음이 얼지 않아 빙어축제가 연기 되었단다. 내심 서운했지만 그 대신 설악산의 남설악 끝자락에 위치한 '필례약수터'에서 물맛도 보고 필례산장도 둘러보기로 했다. 우리를 인솔해서 함께 가 주셨던 이 시인님은 필례산장에 오르면서 "60대의 서양화가와 30대의 동양화가 부부가 오순도순 살고 있는 산장에 행복을 엿보러 가 봅시다." 하고 우리들의 마음을 설레 놓았다. 아담한 통나무집, 통판 유리가 있는 거실, 벽난로, 서재 겸 아틀리에 등이 있는, 산의 풍치와 잘 어우러진 멋진 산장을 부럽도록 보고 오리라 하고 한껏 기대에 부풀었다.

남설악과 점봉산의 경계를 따라 깊숙한 산길로 올라가면 필례약수터가 있고 그곳에서 좀 더 오르니 허름한 나무 판잣집이 보이고 '바보들의 찻집'이란 간판이 보였다. 이곳이 필례 산장이다.

"손님을 바보 취급하다니 간판이 잘못 되었군." 하며 이 시인님이 한마디 하시고, "아니에요. 주인 분들이 바보란 뜻이겠지요."하며 회원들은 너스레를 떨며 찻집 문을 들어서려는데 얼굴이 동그스름하고 눈이 큰 젊은 여인이 우리를 맞아준다. 희끗한 머리카락의 주인아저씨가 우리들에게 찻집 의자에 앉기를 권한다.

나무 의자와 식탁 몇 개 놓여 있는 흙바닥의 찻집은 목로주점을 연상케 할 만큼 손때 묻은 작은 홀이었다. 실내엔 설악의 설경이 그려진 동양화가 걸려 있고, 그 옆에 유화로 그린 누드 작품도 걸려 있고, 조각 추상작품이 있었는데 앞면에서 볼 때나 옆면에서 볼 때나 같은 시각으로 보여 피카소 그림 같은 조각품이 출입구와 마주하여 놓여 있고, 도자기 등이 진열되어 있는가 하면 명시 귀절이 적힌 메모판이며 사진틀 들이 기둥마다 걸려 있었다.

우리들은 메뉴판에 적혀 있는 차 종류 중에서 약차를 시켰다. 여 화가는 부엌으로 들어가더니 차를 끓이기 시작했다. 그 동안 우리는 집 주위를 둘러보았다. 이층 화실에는 100호짜리 설악산의 계곡을 그린 동양화 한 점이 벽 하나를 다 차지하고 걸려 있었다. 그 큰 액자 속에선 계곡물 소리가 돌돌 들리듯이 청아 했다. 이 화가의 마음을 엿보아 선(禪)을 그리워하며 이 산속에서 살고 있음을 익히 알 수 있었다. 그 옆엔 이곳에 들른 사람들의 방명록이 준비되어 있고, 붓이며 물감들이 말라붙은 채 널려 있고, 주인 화가의 30~40대 때 서울 명동 등에서 전시회를 가졌던 사진들엔 상장 받은 햇수가 적혀 있어 노랗게 빛바랜 채 진열되어 있었다.

20년 전 부터 이 산에서 혼자 살고 있던 남 화가에게 7년 전에 여화가가 이곳에 왔다가 첫눈에 반해 부부가 되었단다. 그 후로 두 사람은 서너 채의 나무 판잣집을 더 지었다. 한 채의 방을 들여다보니 침실인 듯 하고 한 채는 창고 같았다. 한 채는 옷이 몇개 걸려 있는 것으로 보아 옷 방 같고 전기가 작년에서야 가설되었다는데 거실 한쪽에 전기스토브가 걸려 있어 유일한 난방구실을 하고 있었다. 텃밭을 일구어 식량도 거의 자급자족한다고 한다.

마당엔 토종개 두서너 마리 어슬렁거리고 녹슨 연장이며 공구들이 구석마다 뒹굴어 금방이라도 필요에 따라 개조하고 더 늘릴 수도 있는 작업현장이었다.

지난해 가뭄 때문인지 바람에 흙먼지가 풀풀 날리며 얼굴에 스친다. 부엌을 들여다보니 한쪽 벽은 큰 바위인데 그 바위틈으로 졸졸 새어 나오는 물이 약수란다. 그 약수 물로 마른약초들을 씻어 한 시간 이상 다리고 있다.

"차 한 잔 마시려고 한 시간씩이나 기다리다니 원." 회원들이 몸을 꼬기 시작할 때 쯤 감자 부침 두어 판과 천궁차가 나왔다. '기다림'이라 별칭을 붙여주고 싶은 약차의 쌉쌀하고 달큰한 맛이 외지고 깊은 산의 맛이었구나.

세대를 잊고 나이의 격차를 훌쩍 뛰어 예술로 맺어진 부부의 삶을 돌아보니 서부 영화의 시골 풍경처럼 황량하기만 하여 마치 세속에 더불어 살기를 거부하는 몸짓 인양하다. 그러면서도 찻집을 경영하여 인적의 그리움과 삶의 활력을 찾으려는 모습이 엿보였다

"그래, 내가 한 장의 글이라도 써보려고 하면 모두들 잠든 밤에 홀로 생각을 다듬듯이 산골에서 생각을 다듬어 표현해 보는 두 분은 세파를 잊고 작품 활동에 몰입할 수 있어 부러울 수도 있겠구나" 하고 범부의 생각을 바꾸어 본다. 부부의 얼굴은 윤기가 흐르고 조금도 서두름이 없는 몸짓과 담담한 미소로 살고 있지 않은가.

석양에 자주색 구름이 띠를 이루어 자운산이라고도 부른다는 앞산의 그 해질녘의 장관을 황홀하게 감상하고 둘러보니 어느새 산속에는 어둠이 짙게 깔려 있다 .일몰을 뒤로 하고 우리들은 서둘러 발걸음을 돌렸다.

예술인의 형상을 보고 온듯 추억으로 남는다.

구원은 예기치 않은데서 오고

남편의 정년퇴직 후, 기독교 신자인 친정 동생의 권유가 교회에 나가게 된 동기다.

남편은 고등학교 시절, 친구 따라 교회에 갔다가 예수님을 알게 되었고, 나는 크리스천 가정에서 부모형제 모두 믿음생활을 하여 진작부터 예수님을 알고 있던 터였다.

실체가 없는 성경말씀으로 믿어야하는 믿음이 그리 쉬운가.

나의 종교생활은 그렇게 적응하기 쉽다가도 어렵고, 알다가도 모르겠고, 오리무중속을 헤매다가 포기하기 여러번이었다. 남편은 교회에 발을 들여놓자 그토록 즐기던 산행도 날짜를 미루고는 일요일은 쉰다

교회에 갈 때면 이 마누라를 꼭 데리고 다니는데, 남자가 혼자 교회 문턱 드나드는 모양새가 안좋았기 때문이

겠거니 해도 교회는 꼭 동행을 원하니 끌려서 다녔다.

5년의 햇수를 지나도 노력 없는 믿음생활은 어찌 그리 냉랭한지 믿음이 자라지도 않는다. 이젠 믿는 시늉이라도 해 보고 싶지만 이런 비신자가 교회에서도 달갑지도 않을 터, 예배시간의 고역을 누가 알까.

세상 일이 코앞이고 너무 바빠, 교회일은 엄두도 못 내고 헌신도 전도도 못하고, 그런대로 열심히 다니는 나도 뭐가 뭔지를 모르면서 다녔다. 햇수를 지나면서 내가 왜 바쁜 시간 쪼개서 교회에 가는지를 알고 싶었다. 액세서리처럼 들고 다니는 손때 묻지 않은 장수가 더 많은 성경은 언제 읽게 될 것인지도 궁금했다.

어느 날, TV 프로에서 설교와 성경공부를 가르치는 채널을 발견한 남편이 기독교방송 채널을 번갈아 가며 고정시켜 놓는다. 처음엔 소음 공해로 괴롭던 내가 귀 기울이기 시작한 것은 교회에 가면 앉자마자 잠 마귀에 홀려 스쳐 지나가는 설교 말씀이 자장가로 들리니 교인들에게도 미안하고 설교하시는 목사님에게 더 미안하여 더는 갈 수가 없었기 때문이다,

점점 성경공부에 맛을 들인 나는 성경공부 시간을 알리는 로고송도 마음에 들기 시작했다

'~성경의 궁금증을 말끔히 해결해요~' 그렇게 1년이

넘었다.

· 복음서를 이해하기 위해서는 '그때의 배경과 장르를 알아야한다' 고 역사공부를 가르치고

· 하나님이 누구신지 모르고는 예배할 수가 없다.

· 하나님은 나와 1:1로 쌍방 간의 대화로 오신다.

· 기도는 내 소원을 들어달라는 것이 아니다(좌절이 온다), 될 만한 것을 기도해라.

· 예수님이 중요한 이유는 이 세상에 찾아낼 수 없는 하나님의 생각을 찾아낼 수 있게 하는 것이며 하나님의 마음을 읽어야한다.

· 하나님의 시각으로 생각해 보아라. 삶의 태도가 바뀐다.

· 성경을 보면 하나님이 보인다, 세상이 보인다, 나를 보는 거울이 된다.

· 삼위일체(하나님 예수님 성령) 이신 하나님이 예수님을 품안에 두시고 , 내 아버지가 나를 품듯 나도 너희를 품으리라(은혜와 사랑과 감사가 전해진다)고 말씀하시는 예수님, 하나님의 온전함같이 너희도 온전할 것임이라.

· 연약한 사람들에게 함께 하는 것이 기독교다. 항상 연약함이 이긴다.

강한 사람, 권력 있는 사람이 사는 세상이 아닌 못난이, 찌질이, 세상에 없는 것 같이 사는 사람이 인간답게 사는 것, 행복하게 사는 것이 기독교다.

· 구원은 예기치 않은데서 오고 (김수영 시의 일부)

· 세상에 없는 것 같이 사는 사람들 (서정택 시의 '풀'의 일부) 모두.

· 잃어버린 자를 구원하러 오시는 예수님이시라.

· 하나님을 소유한 자가 진정으로 행복하다.

이런 주님을 남편은 첫사랑으로 만나 신앙생활에 불평과 불만이 없고, 나는 아직도 주님과 진정한 만남을 체험하지 못해 날씨만 추워도, 바람만 불어도, 교회 가는 것을 쉬겠다고 떼를 쓴다.

예수 그리스도를 통해서 알려진 하나님의 뜻을 받들어 하나님의 백성으로 살아가는 것이 믿음 생활이란다. 신앙은 만남이며 성경말씀을 통해서 하나님과 동행하는 것이 믿음이란다. 이론은 알겠으나 실천이 어렵다.

'그냥 예수님이 좋았다'라고 할 날을 기다려 본다.

서로 엉켜 사는 법인데

고향에서 혼자 지내시는 시어머님께 전화로 문안 인사를 드렸더니 머리가 몹시 쑤시고 아프다고 하신다. 면에 나가 병원에 갔더니 고혈압 때문이란다. 아직도 머리가 아프신지 힘없는 목소리로 전화를 받으신다.

"그럼 혈압약을 복용하셔야 해요. 제가 모시러 갈게요."

"그래. 아까 양딸 내외도 다녀갔다. 어찌나 극진한지. 병원도 같이 가주고, 집안청소도 다 해주고 갔어. 너무 그러니까 미안해 어쩔 줄 모르겠구나. 어떻게 보답을 해야 할지…" 몸까지 편치 않아 더욱 불안해 하셨던 어머님은 고마움에 목까지 메이신다.

"보답을 꼭 해야 해요?, 딸이라면서요?" 수화기에 입을 대고 웃음기 섞어 퉁명스럽게 말했다. 보답이란 단어에 예민 반응을 일으킨 것이다.

"아니, 말이 그렇단 말이지. 며느리의 물음에 서운해서 시큰둥 하신다.

어머님을 모시러 고향에 갈 채비를 부지런히 서둘렀다. 생계에 바쁜 중에도 환자를 돌보고 간 양딸 내외분이 정말 고맙다.

나는 분당을 지나 용인에 계신 어머님에게로 승용차를 몰면서 보답이란 단어를 입속으로 또다시 중얼거려 보았다. 보답을 해야 할 분이 또 여럿 있었기 때문이다. 한국전쟁 때 초등학생이었던 남편이 다리에 총상을 입고 피를 흘릴 때였단다. 폭격 속에서 동네 아주머니가 어머님과 함께 부축하여 집에까지 데려와 간호할 수 있게 해 주었다. 그 분이 아니었으면 병신이 되었든지 죽었을 것이라는데 그 은혜들은 시집 온 며느리에게까지 보답해야 할 덕목이었다. 처음에는 정말 고마워서 열심히 인사를 다녔는데 세월 따라 점점 잊혀지고 핑계가 생기더니 그 분들의 한 평생과 나의 한평생 동안을 갚아야 할 짐은 '부부는 한 몸이라' 한다지만 직접 체험한 일이 아니라서 실감이 없었는지 가끔 강박관념에 시달리기도 하고 했었다. 그런데 또 가볍게 이야기 하신 어머님의 뜬금없는 보답이라니…

어머님과 양딸과의 인연은 몇 년 전, 시골 어머님 집 건넌방에 한 가족이 세를 얻어 살면서부터다. 가내공업 사업을 하다가 부도로 다 털리고 중·고등학교 다니던 아이들도 여럿 있었는데 학교도 못 보내고 있다고 걱정을 하셨다. 그래서 작은 트럭에 핀이며 액세서리며 만물상을 차리고 시골 5일 장마다 다니며 장사를 하였던 분들. 살림이 차차 안정이 되자 이듬해 그 마을에 왼 채 집으로 이사를 갔다. 하루는 아주머니가 어머님을 찾아 왔단다. 가장 힘들고 어려웠던 시기에 잘 보살펴 주어 그 은혜 평생 못 잊겠다고 그래서 양딸이 되어 드리겠다고. 부모를 일찍 여의고 외롭던 터라 허락해 달라 해서 그렇게 하라고 했단다. 평소 내 집 일보다 남의 집 일을 더 잘 보살피는 어머님 성품에 당연히 오지랖 크신 대답이었다. 별 뜻 없이 지나가는 말처럼 이야기하셨는데 양딸? 친딸?을 구별해 보려고 벙벙해 하던 나는 가슴에서 쿵 소리를 듣는다.

"어머님, 저는 손위 시누이 한 분 더 모실 생각은 아예 없는데요. 그냥 이웃사촌으로 지내세요." 용수철처럼 튕겨 나오는 볼멘 음성.

"그게 이웃 간의 정인데 뭘 깊이 생각하니? 그렇게 이야기하는데 딱히 뭐랄 수도 없더라." 어머님은 별 일도 아닌 일을 별 일로 들추는 며느리가 못마땅하다 .

"어머님, 그럼 두 분만의 인연으로 맺으세요. 집안 간에 왕래가 되면 식솔들까지 양쪽 집 대소사 일들이며 더 복잡해 질 테니까요." 맏며느리인 내가 한 가족이라도 더 시집살이하게 될까봐 지레 겁을 먹었던 것이다. 친정어머니, 시어머니 다 살아 계셔서 아직도 부모 정 그리운 것을 모르는 나에게는 시어머님 일은 모두 며느리가 감당해야할 몫처럼 의무로만 생각해서 그것마저 시집살이로 밖에 안보였다.

그 후, 양딸 내외분은 어머님 집을 가끔 들러 밑반찬도 해 드리고, 생선도 사드리고, 시장도 봐 드렸다. 그때마다 어머님은 고맙고 미안하여 서울에 사는 세 아들네와 미국에 이민 간 막내딸의 뜸한 문안까지 더 서운해 하셨다.

하루는 양 따님이 전화를 했다. 어머님이 봄을 타시는지 기운이 없고 식사도 거르시고. 이곳저곳 쑤시고 아프다고만 하시는데 혼자 사시는 것이 너무 안쓰럽고 그냥 뵙기도 안됐다고 귀띔해 준다. 그래서 아들네 가서 편안히 사시래도 서울은 답답하다며 막무가내시라고 하며 어머님의 근황을 일러주기도 했다. 본래 시아버님과 고향에서 농사를 지으셨던 어머님은 홀로 사신지가 몇 년 째다. 새벽에 밭에 나가 무럭무럭 자라는 곡식이나 채소들을 볼 때면 자식 자란 것처럼 대견하고, 암탉이 알을 품어 병아리를 까면 고물거리는 것이 귀여워 모이 줄 때마다 잘 잤니? 많이 컸구나 하시며 아침인사로 하루를 여는 어머님. 노인을 고향에 두고 서울에 와 있는 자식들도 자나 깨나 머리 한 구석은 안부로 늘 불안하기만 하다. 그래서 가족모임이 있을 때면 서울 집으로 오시라고 종용을 했고 그럴 때마다 몸져누울 때 가겠다며 극구 사양하셨다. 이제는 어머님 마음 내키는 대로 사시게 하고 마음을 편히 갖기로 했다. 그러니 인력으로 안 되는 일들을 또 날더러 어떻게 해 드리라는 것일까로 어머님의 안녕을 일러주는 그분이 고맙고 친자식처럼 보살펴 줌이 고마우면서도 남의 집 제사에 감 놓아라, 대추 놓아라, 하는 참견 같아 속도 상했다. 그러잖아도 어머님은 자식들과의 대화를 '어디가 아프다'는 것으로 일관하셨다. 정말 편찮을 때도 있지만 그렇게 아프다고나 해야 자식들이 꿈쩍이라도 하니 궁여지책이신 것도 같다. 생활환경이 다르니 점점 대화거리도 인사 말고는 줄었다. 그러니 옆에서 뵙기에도 노인에게 너무 무심한 것 같았나 보다. 몸집도 크고, 성격도 활달하고, 목청도 큰 분인데 여간 걱정스러워 하는 것이 아니다. 환갑도 다 돼가는 연세에 아들들도 다 장성하여 결혼을 시키고는 며느리에게 일주일에 한번 씩은 꼭 문안 전화를 하게하고 어기면 단단히 혼줄을 내 주어 버릇을 들인다고도 했다. 어머님은 우리들을 볼 때마다 그 이야기를 하고는 부러워했다. 외지로 나가 사는 자녀들이 어머님 뵈러 자주 오지 않으면 마을에서 흉본다고 성화고, 가끔씩 하는 문안 전화가 없어도 소외감에 몹시 서운해 하신다. 자식들은 생활에 쫓기다 보면 차일피일 하다가 늦는다고 건성으로 대답만 잘하는데 전화를 먼저 하시라면 어른 체면에 못하고는 전화비가 얼만데 그러냐고 호통을 친다. 아무튼 그 분들은 부모의 정이 그립다며 애태우면서 어머님께 봉양했다. 그 분을 어머님은 딸로, 나는 이웃 아주머니로 호칭을 부르면서 그렇게 몇 년을 지냈다.

시골에 도착하니 여전히 골이 쏟아져 눈도 못 뜨겠다고 머리를 수건으로 동여매고 운신을 못하시는데 빨리 응급실에라도 모시고 가야 할 것 같다. 서울로 우선 모시고 왔다. 늙을수록 병원 약은 잘 듣지 않는다고 또 우기시던 어머님은 침집을 찾아갔다. 한의사는 "신경성에서 오는 혈압장난인데 나이 들면 다 생기는 병이여. 침으로 잘 났지."하고는 양 귀밑이며 등쪽이며 약침으로 꼭꼭 찌르고는 부항을 붙여 나쁜 피를 뽑아낸다.

"자 났지? 시원하지?" 하고 물으시고. 어머님은 입에 넣은 음식 맛을 물어 볼 때 씹어 넘기기도 전에 난처해하는 사람처럼 머리를 흔들어 보고는 '그런 것 같다'고 한다. 그리고는 다 나았다고 기뻐하며 빨리 시골집에 가서 병아리 모이도 주고 강아지 밥도 주어야 한다며 용인 시골집으로 가시겠단다. 내가 시골집으로 모셔다 드리고 집으로 돌아오니 오늘 일이 도깨비방망이한테 휘둘려 꿈속을 헤매다 깬 것처럼 꿈인지 생시인지 분간하기도 어렵다. 소파에 멍하니 앉아 쉬다보니 빈집에 환자로 혼자계실 어머님이 걱정이 된다. 팔십세가 넘으면서 몸도 마음도 많이 약해지셨다. 밤잠을 설칠 때마다 '추억은 아름다워' 가 아니라 옛날에 고생스러웠던 일들을 떠 올려 가슴에 벌렁증이 생긴 어머니. 해질녘의 고즈넉한 적막을 누구와 벗할 길 없어 독거의 외로움에 서럽다고도 하신다. 내 늙음의 거울인 어머님의 삶을 반추해 보며 눈시울을 붉히게도 된다.

'오른손이 하는 일 왼손이 모르게'라는 성경 말씀도 있고 내가 이 사람에게 은혜를 입었다고 꼭 그 사람에게 갚아야 할 덕목이라면 부채관계와 무엇이 다르랴. 그 은혜는 또 어려운 처지를 당한 누군가에게 베풀기도 할 것이다. 어차피 세상은 서로 엉키고 설켜 사는 법. 이렇게 변명을 늘어놓다 보니 나는 은혜를 꼭 보답해야 하는 굴레에서 조금은 벗어날 수 있었는데. 은혜에 보답은커녕 아직도 신세로 살아지는 인생 같아 마음만 무겁다.

그런데 내가 짐으로 생각하고 있던 보답을 이 아주머니는 아직 가정경제가 다 회복되지도 않았을 텐데 신세부터 갚는구나. 은혜를 모르면 짐승보다 못하다고 하지 않던가. 두루치기 인생을 지천명의 나이에도 깨우치지 못한 나는 사랑을 실천해 보지 못한 소치가 들킨 셈이다. 이렇게 마음씨 착한 분들을 이생에서 만난 인연도 큰 행운이었는데 말이다. 어차피 짊어질 짐이라면 한번 더 마음을 열자. 그렇게 외로운 분을 곁에서 가끔 들여다 보아주고 내 대신 보살펴주는 양 따님에게 점점 고마워서 어머님 말씀대로 은혜에 보답해야 할 것 같은 마음이 든다. 신세를 지고 있는 것 같은 짐을 떨쳐 버릴 수가 없다. 이렇게 신세지기 싫어서 나는 처음부터 못마땅하였었다. 내 짐 지기도 어려운데 또 '짐 하나 더' 라고 셈을 했기 때문이다.

며칠 후면 어머님의 생신이다. 그 때 몇 년만에 양딸 내외분도 꼭 와 주십사고 연락을 하고, 동서들에게도 전화를 했다.

"이번 어머님 생신에 양 따님 내외분도 초대했어. 우리 식구들과도 인사를 하고 지내야 할 것 같아서." 두 분을 모시게 된 이유를 설득이나 하려는 듯이 이야기를 했는데 "형님, 잘 하셨어요."한다. 이렇게 되기를 기다렸던 대답이다. 그동안 내가 너무 옹졸했었나.

"동서, 지난번에 어머님 머리 아프셨던 병의 증세가 말이야. 옛 어른들 말씀에 노인네들은 생일 달에 병이 나면 죽는다고 해서 겁을 잡수셨었다는군."

동서가 하하 웃는다.

"어머니 매일 돌아가시고 싶다고 하셨잖아요."

"그러게 말이야. 호호호…"

고부간

가을걷이가 끝날 무렵인 11월 중순. 경기도 용인군 모현면 왕산리가 고향인 시댁에 홀로 사시는 시어머님께서 전화를 하셨다. 곡식이며 쌀등 농사지은 가을걷이를 갈무리하기가 힘이 드니 빨리 가지고 가라고.. 나는 승용차에 소 사골뼈와 사태고기를 사고 굴비 한 두릅을 사서 싣고 가락동에서 분당으로 해서 광주 가는 능골길을 택해 길을 떠난다. 분당에서 능골 가는 길은 어머니의 품 속 같다. 시어머님의 파마머리 가리마 같은 그 산길을 꼬불꼬불 핸들을 작동한다. 능골 삼거리까지 가서야 좌회전하면 쭉 뻗은 도로가 나오고 한참 달리면서 '왕산리' 란 팻말을 보고서 오른쪽으로 꺾으면 시골 마을길로 접어들게 되고 퇴비 냄새며 구수한 고향의 내음이 꼭 닫힌 차 문으로 스며들어 시어머님의 몸에 배인 채취를 맡는다. 윗 말

미를 지나고 중촌 마을 산등성이에 이르면 허름한 집이 맞아주게 되고 나는 마당에 차를 세운다.

반갑게 맞아 주시는 어머님은 밥상부터 차려주어 점심을 먹게 하고, 밭에 나가 배추며 무도 뽑고, 콩, 팥, 수수, 율무, 참깨 등의 올망졸망한 비닐봉지에 담긴 햇곡식들을 차곡차곡 차에 싣고, 쌀도 한 가마 싣고, 들기름병도 뒤 트렁크 귀퉁이에 잘 세워 싣는다. 그리고서야 올해 80세가 되시는 어머님과 마주 앉아 본다. 어머님 얼굴이 푸석하시다. 보일러 기름을 아끼느라 집안도 썰렁하다.

"어머님, 적적하시면 이젠 서울에서 저희와 함께 사시지요. 서울이 좀 답답할 것 같아도 그곳도 사람 사는 곳이라 살다 보면 정도 붙고, 또 이웃도 사귀면 바빠지실 거예요." 라며 말문을 띄워 본다.

"그래, 이젠 힘도 너무 부쳐서 농사도 못 짓겠다" 하시며 무릎에 손을 얹어 주무르신다.

십여 년 전 시아버님이 돌아가시고 부터 맏며느리와 해마다 되풀이되는 문답이다.

처녀 때 황소를 끌었다는 장사 시어머님, 젊어서 쌀가마를 이고 다녔다는 건장하신 어머님은 천식과 잔병으로 고생하던 시아버님을 모시고 살림을 꾸려 나가셨다. 어머님도 70연세에 임파선 암으로 병원에 입원을 하셨었다. 항암주사, 방사선치료를 받으면서 '암아, 네까짓 것 이기고야 말겠다'고 싸웠다던 어머님은 방사선으로 입속이 헐어 지금도 침이 마른다고 하시면서도 일곱 해나 지났으니 불행 중 다행이었다. 백내장이 되어 시력이 떨어진다 하여 수술을 해드렸더니 세상이 훤하게 잘 보인다고 기뻐하시며 지금도 자전거 타고 시골길을 누비시는 어머님은 시골에서 농사지은 푸성귀며 곡식들을 열심히 싸가지고 서울 아들네 집으로 다니셨다.

세 며느리들이 아파트 거실바닥에 흙 털어가며 늘어놓은 야채들을 다듬으며 청소가 더 귀찮다고 입이 한발씩 나왔었다. 푸성귀는 오래두면 시들고 삭아 버리기 때문에 그 날로 다듬어 김치도 담아야 하고 데치고 지지고 볶아야 하니 계획 없던 일이라 다른 일과 겹치게 되면 난감할 때가 많았다. 신토불이도 몰라보고 불효막심한 것들이라고 괘씸해 하셨다. 그러더니 요즘은 중국 수입이니 어쩌니 하면서 수입품목으로 먹을거리까지 국제화가 되고 부터는 유기농 야채라고 기다리는 눈치들로 바뀌게 되었다.

그런데 올해는 서울 나들이도 잘 안하신다. 혹여 서운하게 해드린 게 있었나 싶어 여쭈어 보아도 농사일이 바빠서 짬이 없다고만 하신다. 기력이 떨어지고 서울 아들네 집으로 와 봐야 서로 마음 부대낄 것도 걱정이고 혼자 사는 것도 겁이 나시나 보다. 이렇게 외롭게 사느니 우겨서라도 모시고 가고 싶기도 하고, 그랬다가 서울살림이 불편할 때마다 원망하실 것도 같고, 그냥 그곳에 계시라면 모시기 힘들어 그러는 것 같고, 그래서 고부간에 말없이 토방문 밖의 땅만 바라보고 앉았다. 시골 살림도 그렇다. 필요한 가재도구들도 새것으로 바꾸어 드리고도 싶고 고장난 것들도 고쳐드리고 싶어도 시골에 혼자 더 사시라는 것같아 손도 못 댔다 .

"애야, 네 시할머님께서 92세에 돌아가셨잖니. 그때 내 나이 오십을 넘으면서 한평생 시어머님만 모신 것 같았단다. 왜 그렇게 성격은 깐깐하셨는지…" 어머님의 시집살이 이야기가 또 시작되었다. 그래서 나에게 시집살이 짐 지워주기가 싫어 그 연세에 이제는 서울로 오시라고 해도 막무가내셨나? 예나 지금이나 고부간은 고무줄놀이 할 때 양쪽에서 잡고 당기면 늘어지고 내밀면 줄면서 그렇게 세월을 고무줄에 걸쳐 놓았나 보다. 시어머니와 며느리 사이에 '누구의 기가 더 세냐'에 따라 기가 약한 쪽이 병이 나지 않던가. 지천명의 나이가 된 내 또래들도 시부모님을 그토록 무서움 반 연민 반으로 봉양하고 살아가고 있다. 요즘은 세상이 바뀌어 우리 며느리들이 부부맞벌이 시대가 되고 보니 시집살이를 시켜 보기는커녕 며느님 시집살이 까지 하게 된 샌드위치 시어머니가 되어 더욱 바쁘고 근력이 남았다고 손주들 돌보는 신 시어머니들이 되었다.

어머님 저녁상이나 차려놓고 가리라 마음먹고 큰솥에 물을 끓여 사골과 사태를 씻어 넣고 곰국을 끓이기 시작했다. 굴비도 칼등으로 비늘을 긁고 석쇠에 올려 굽는데 구수한 냄새가 온 집안에 퍼져 솔솔 군침이 돈다. 어머님이 제일 좋아 하시는 굴비는 밥상에서도 제일 인기가 좋은 구이 반찬으로 껍질 벗겨내고 속살 다 발라주고 가시뼈 들어내고 또 속살 발라주고 손가락까지 빠시는 어머님. 이렇게 다 주신 어머님인데. 짭짤하고 고소한 어머님 맛을 빨아먹고 자랐는데.

"어머님, 올 가을로 이곳을 정리하고 저랑 싸우면서 살아요”. 조심스럽게 다시 한 번 더 말씀드려 보니 “윗 밭에 마늘 파종한 것은 또 어쩌구…,” 말끝을 흐리고 멍해지신다.

어머님께 생활비를 드리고 “또 시간이 되면 들를께요. 농사지어 주신 것들 잘 먹겠습니다. 안녕히 계세요.” 천천히 액셀을 밟으며 백미러로 바라보니 석양에 초췌한 어머님이 손을 흔들고 계셨다.

비자금

대문 개폐기가 고장 나서 동네 전파사 아저씨를 불러 새것으로 갈았다. 개폐기 값이 3만 5천원이라기에 돈지갑을 열었더니 2만원밖에 없다. 안방으로 쪼르르 달려가 옷장 문을 열었다. 왼편 끝에서 두 번째 여름 정장 양복 중에서 윗옷 안주머니에 손을 넣고 하얀 편지봉투에서 만원짜리 지폐 두장을 꺼낸다. 그리고는 개폐기 값을 지불하여 보내고는 빨리 외출 준비를 했다. 은행에 들러 생활비를 조금 더 찾아 그이가 퇴근하기 전에 부지런히 2만원을 채워 넣어야 한다. 이 돈은 남편의 비자금이기 때문이다. 비자금은 본래 쓰임이 있는 금액에서 쓰고 남은 잔돈이나 횡재수가 있어 생긴 여윳돈으로 어려움이 있을 때 은밀히 쓰이는 비밀스런 돈이 아닌가. 요즘 정치하는 사람이나 경제인들의 말도 많고 탈도 많은 세탁된 자금일 수도 있겠지만 남편에게는 비상금인지 용돈인지 불분명한 비자금이 있다.

결혼하여 7년쯤 지났을 때였다. 70년대 초, 집장만을 하기 위해 새로 산 집을 담보로 은행 대출을 받고 건넌방도 전세를 주어 어렵게 꾸려 갈 때였다. 한푼이라도 보태 이자가 붙은 빌린 돈을 갚기 위해 긴축생활을 하던 때다. 하루는 출장 다녀온 그이의 서류 가방에서 세면도구를 꺼내다가 은행통장을 하나 발견하게 되었다. 무심결에 열어 보았더니 50만원의 예금 잔액이 눈에 확 띄었다. 지금의 500만 원쯤 되었으리라. 웬 돈일까? 한창 힘든 상황이었기 때문에 나는 반가웠고 그이가 퇴근할 시간만 기다렸다. 그리고 그이가 현관에 들어서자 물어 보았더니 움찔해서 얼른 통장을 빼앗고는 "이건 직장 공금인데 출장 중이라 우선 내 통장에 넣은 것이야" 하며 대수롭지 않게 대답했었다.

그리고 또 몇 해가 지났다. 남편의 철 지난 양복을 세탁소에 맡겨야겠다고 옷걸이에서 떼 내어 주머니부터 살피는데 안주머니에서 두툼한 흰 봉투에 만원권 지폐와 수표가 한뭉치 집히는 것이 아닌가? "이건 또 뭐람." 깜짝 놀라 더 뒤지는데 통장이 툭 떨어진다. 자세히 살펴보니 몇년 전에 보았던 그 이월 통장엔 조금씩 모아 둔 돈이 기 백만 원이나 된다. '서류가방에서 들켰을 때 공금이라더니? 나는 집안 살림 일구겠다고 이자 갚아가며 안달인데 자기는 다른 주머니를 만들어? 배신자가 따로 없네.' 보물을 찾았으니 흥분이 되어야겠지만 무력감이 두 다리를 주저앉게 했다. "이럴 수가? 이럴 수가? 그러면서 봉급날이면 자기 용돈 한달치를 약정해 놓고 조금이라도 떼고 줄까봐 눈을 부릅뜨고 타 가더니…"

그동안 절약하느라 더 작아진 내 모습이 영상으로 어른거려 눈물을 훔쳐가며 기다렸지만 그날따라 자정이 되도록 귀가하지 않고 어디서 무엇을 하느라고 이리 늦는지 모르겠다. 그런데 이 돈들은 어디서 난 것일까? 봉급은 온라인으로 꼬박꼬박 내 손에 들어오는데 강사료며 원고료며 그런 것들이겠지… 이렇게라도 유용하게 쓸 수 있다면 항상 모자라서 미안하게 주던 용돈이었는데 덜 미안하고 잘된 일일수도 있겠다. 시간이 지날수록 내심 생각은 점점 폭넓게 이해하는 쪽으로 가고, 따져 보나마나 잘못하다 보면 그이의 거짓말하는 습관만 늘것 같다는 결론에 나는 모른 체 하기로 했다. 그리고는 결혼 30년이 되어가니 꽤 많은 세월을 그이와 나는 서로 작은 비밀을 간직한 채 살아간다.

'우리는 부부인데, 그이의 돈이 내 돈이지 뭐' 하면서 오늘같이 갑자기 필요할 때 남에게 아쉬운 소리 하지 않고 슬쩍 꾸어 쓰고 들키기 전에 갚곤 한다. 남편의 비자금은 이제는 습관적으로 나에게도 든든한 비상금이 되어 주었다. 이 비상금이 없다면 나의 살림 계획이 순조롭게 이행되었겠는가? '윤활유 없이 기계가 어떻게 돌아가겠어. 세상에 비상금 없는 사람도 있을라구?' 하며 어깨도 으쓱해 졌다.

단 한푼이라도 축을 냈다가는 발각이 되거나 신용이 떨어져 마누라가 고장난 개폐기 꼴이 되면 무슨 망신이며 또 다른 은밀한 장소나 다른 양복 주머니에라도 바뀌면 어쩌나 싶어 부지런히 채워 놓는다. 돈을 꺼낼 때의 모양새도 잘 기억해 두었다가 헌돈은 헌돈으로, 새돈은 새돈으로, 수표로 발행 은행을 맞춰 넣었다가 이제는 귀찮아 져서 그림이 같은 수표로 장수만 맞추어 끼워 넣는다. 그래도 가끔은 들킬까봐 마음을 조일 때도 있는데 그럴 때면 나도 자존심 살리고 기 살리는 나만의 비자금이 간절히 그립다. 그런데 살림을 꾸려가려면 비자금의 통장이 마련되지를 않는다. 오히려 마이너스 통장을 개설해 놓고 걸핏하면 적자운영이 되고 있다.

언젠가 나만이 쓸 수 있는 비자금을 마련해 보려고 했던 일이 있긴 했다. 아이들을 키우면서 갑자기 병원에 갈 일이 생기거나 급히 쓸 일이 생길 때를 대비하여 십시일반으로 떼어 몰래 감추었다. 그릇장 안의 뚜껑이 덮인 찬합이나 목기로 된 과자그릇 속에, 책갈피나 쌀독 밑에, 이불장 안의 헌 베갯잇 속 같은데….

하루는 책장 정리를 하다가 책 속에 몰래 끼워 둔 돈을 발견하고는 '아, 여기에다 두고 못 찾았구나.'하고 꺼내 평소에 읽고 싶었던 책을 샀었다. 어느 날은 화장실 타월장의 맨 윗 선반에 활명수 약 종이상자가 놓여 있어 치우려고 꺼내다가 동전들을 한웅큼 발견하고는 '잔돈을 이런 곳에 쑤셔 넣었었네.' 하고 시장 갈 때 쓰는 지퍼달린 손가방 속에 쏟아 넣었다. 책상 서랍이 이가 맞지 않아 벌름 열리고는 꼼짝을 하지 않는다. 그래서 서랍 손잡이를 확 잡아 빼내고 손을 밀어 내용물을 긁어내는데 만원권 한 뭉치가 끼워져 안간힘을 쓰고 있었다. '어머, 지난 번에 서랍에 넣어 둔 돈이 뒤로 넘어갔었나?' 이렇게 간수도 잘 못해서 칠칠맞다는 소리를 들을까봐 아무에게도 발설하지도 못했다. 그리고는 솔직히 아이들 키우면서 꿍쳐 둘 돈이 어디 있겠느냐고 작심삼일로 끝냈었다. 그런데 하루는 그 이가 쥐를 잡아야겠다고 한다. '쥐가 어디 있느냐'고 묻자 집안에 쥐가 있는 것 같단다. 그리고는 부엌의 싱크대며 방안을 틈만 나면 쥐 잡듯이 뒤지는데 '별난 성질도 다 부린다'고 투덜댔었다. 그런 일이 있고 나서부터는 다시는 그런 횡재가 오지 않았다. 내가 몰래 숨겨 놓았던 돈인줄 안 비자금의 출처가 그이의 쌈짓돈이었나 보다.

어쨌든 남편은 지난 번 집안 일로 급한 목돈이 필요 했을 때 그 큰돈을 마련해 주며 친구에게서 빌려 왔다는데 정말 믿어야 할지. 그래도 나는 눈에 익은 손때 묻은 흰 돈 봉투를 받으며 "고마워요 여보"했다. 참 너구리같은 남편에 여우같은 마누라가 다 되었다.

좋은 습관 길들이기

사람이 습관을 길들이기는 태어나면서부터 일 것이다., 아기가 시간 맞추어 수유를 하도록 부모들이 길들이지 않는가. 인간이 사회생활을 하려면 공동의 유익을 위하여 질서의 틀에 길이 들어야 하므로 법에 의존하면서 까지 노력해야 한다. 한번 길들여지면 반복되는 일상이 익숙해져서 능률이 올라 좋고 타성에 젖은 여유가 생겨 좋기 때문이다. 그래서 좋은 습관은 길들일수록 유익하다.

이렇게 좋은 습관 길들이기는 공부의 습관과 생활의 습관이 있다고 한다. 공부의 습관은 학생들의 몫으로 접고 나는 생활의 습관 길들이기를 이야기 해 보련다.

어둠을 뚫고 퇴근하고 돌아온 그의 머리에 눈발이 붙었다. 그는 거실에 들어서자 벽에 걸린 뻐꾸기시계를 바라보며 이내 전화기 앞에 앉아 다이얼을 돌린다.

"김 형이세요? 내일 아침 어디로 갑니까? 남부 고속도 '만남의 광장'이라구요? 새벽 4시까지요? 그럼 내일 뵙죠." 딸깍 소리와 함께 급히 방으로 들어간다.

TV 뉴스에서 밤새 눈이 오고 내일은 영하 10도의 추위라 도로가 빙판이 될 것 같다는데 "괜찮을까요?" 걱정이 되어 눈을 세모꼴로 접으며 조심스럽게 물어본다.

"남녘이라 그렇게 춥지 않을거야." 단호한 대답. 매주 일요일 새벽마다 등산을 가려면 밤에 조금이라도 눈을 붙여야 하기 때문에 긴장된 모습이 된다. 나는 옆방으로 들어가 얼른 이부자리 속으로 들어가려고 전등 스위치를 껐다. 창밖 가로등 불빛으로 유리창에 눈발의 그림자가 펑펑 쏟아진다.

"이렇게 삼한 날은 쉬기도 하련만, 마누라 말 들어서 손해 본 일 있던가?" 승합차에 버스가 덮쳐 미끄러진 교통사고 현장이 영상으로 스쳐간다. '아니야, 방정맞은 생각을…' 달아난 잠은 서너 시간 후 그이가 출발한 후에 잘 수밖에 없다.

남편은 산행을 즐기는 산골 태생이다. 그러니 바람, 눈, 비 피하고 나면 일년에 몇번 밖에 갈 수가 없어 산행 갈

팀원들은 강원도에 눈, 비오면 전라도로 가고, 전라도에 눈 비오면 경상도로 가고, 그렇게 산행을 즐기는 모임이다. 이렇게 그이의 건강을 위한 산행이 공휴일 마다 10년이 넘게 길이 들었다. 처음에는 새벽 5시에 떠나는 것도 밤길 운전으로 겁이 났다. 그런데 4시가 되고, 3시가 되니 이제는 만성이 되기도 하련만 항상 염려가 앞서는 습관으로 그이의 길 떠나는 차 시동소리에 늘 가슴을 졸인다.

그이가 등산을 떠난 일요일 아침의 풍경은 느긋하고 여유롭다. 그이가 있다고 별달리 서두를 휴일도 아니지만 그런데도 하루 세끼 밥 시중이 부산스러웠던지 한짐 벗은 홀가분한 기분은 그이가 산행을 다니면서 점차 붙여진 생활의 보너스다. 나도 전업주부의 공휴일을 맞은 셈이다. 가사노동을 접고 책도 보고 비디오도 본다 . 이제는 혹여 다른 일로 그이의 등산 일정이 취소라도 되면 나도 당직을 당한듯 무거운 휴일을 체험하게 된다. 이렇게 서로에게 좋은 습관 길들이기로 몇 해를 살았는데.

그러다 보니 점점 그이의 생활이 단순화 되어가고 외곬 성격이라고 치부하며 살기엔 생활 리듬이 점점 경직

되어가고 있는 것을 발견하게 되었다. 주말에 많은 친인척의 대소사 일이나 경조사에 불참하는 일은 예사이고 가족끼리도 대화의 부족으로 의견이 맞지 않으면 맞추려고 노력하는 것 보다 억측으로라도 언성까지 높여 가며 밀어붙여 빨리 승부를 가리는 쪽을 택한다. 가족 모두 합심해서 살아도 힘든 집안 살림을 전혀 모르쇠로 일관하니 아낙이 혼자 해결하기 힘든 일들이 또 얼마나 많은가. 촌각을 다투며 시시비비를 가려야 하는 과중한 살림의 무게가 또 감당하기 힘들게 주부인 나를 짓누르고 있었다.

그렇게 햇수를 거듭하면서 그에게 의지하고 싶을 때마다 옆에 없는 그를 원망하기 시작했다. 대소사나 경조사도 홀로 참석할 때가 많고 집안의 큰일이나 작은 일이나 오기로 해내지 않고는 집안이 돌아가지를 않았다. 어느 날 부턴가는 웬만한 일에 겁도 없어졌고 용기도 생겼다. 나에게 생활의 능력 까지 키워진 셈이다. 혼자서 해결한 일들에 자부심도 느껴보고 보람과 성취감도 맛본다. 이렇게 억지로 생긴 좋은 습관 길들이기도 있었다. 때로는 두 사람의 의견을 맞추는 것 보다 단독으로 해결하는 것이 더욱 빠르고 실리가 있을 때도 있다. 그래서 사건의 전후를 모르는 남편의 의견이 이제는 참견으로 들리고, 모처럼 내린 결론에 일을 망쳐 그릇되기라도 할까봐 좌불안석이 될 때도 많아졌다. 부부가 집안일이 엉킬 때마다 말다툼이 시작되었다.

새로운 시도가 필요해 졌다. 좋은 습관도 생활의 변화에 따라 나쁜 습관으로 바뀔 수도 있다. 나쁜 습관도 고치면 좋은 습관이 된다. 호시탐탐 습관의 옥석을 가려 끊임없이 새로운 습관을 모색해서 길들이고 잘못된 습관은 빨리 버릴 줄 아는 것도 익혀야 부부생활의 좋은 습관 길들이기가 아닐까 .

낮에 멈추었던 눈이 함박눈으로 다시 내리고 주말마다 막히는 교통체증으로 자정이 가까워야 돌아오는 남편을 기다리며 핸드폰을 연다. 왜 불통일까? 전화 한 통화만 해 주어도 좋으련만. 이제까지 없던 버릇이었으니… TV 리모컨을 눌러본다. 화면엔 대설주의보가 대설경보로 바뀌고 제설차가 엉금엉금 기어간다. 또 눈길에 나뒹구는 차들이 보인다. 창밖을 내다본다. 태풍을 동반한 함박눈이 유리창에 어지러이 날리고 나목 가지마다 수북하게 쌓였던 눈덩이가 떨어진다. 갑작스런 눈보라에 하얀 세상을 바라보니 가슴도 휑해진다. 결혼하고 40년을 어디 갔다 왔는지 하얀 도화지 위에 어렴풋한 대상의 그리움과 연민이 번지고 마음도 한결 스산해졌다

그리고는 생뚱맞은 생각을 하기 시작 했다. 부부 중 한 사람도 떠나겠지. 그때 이 집에 드나드는 사람 없어 정적이 살포시 내려앉고 대화할 사람 없어 입에 가시가 돋고 손바닥에 주부습진 대신 염분으로 고랑내가 나도 홀가분한 자유인이 됐다고 쾌재를 부를 수 있을까. 집에 돌아오는 남편의 체취만으로도 대문을 열어줄 수 있는 직감이며 직설적인 말대꾸로 아내를 제압하고 잠시도 여유를 주지 않고 말꼬리를 휘감던 가장의 소리들, 모두가 사라진다면,… 이별이라면. 여기까지 생각이 미친다.

갑자기 내가 그이에게 가장 미워했던 것들이 그리워진다. '그이가 없다면'은 너무 충격이어서 머릿속까지 하얗게 바랬다. 그럼, 서로가 미워했던, 배우자에 대한 존중, 사랑하는 사람에게 대한 애틋함, 배려, 용서 등의 조건들이 모두 기둥으로 버티고 있던 나의 자존심 지키기 이었나? 이런 어처구니없는 아이러니를. 그러면 서로의 이기

심만으로 길들여져 잘못된 습관으로 산 것 같았던 부부가 그래도 집안의 대들보는 짊어지고 살았던 모양이네.

습관은 본인의 의지만이 고칠 수 있는 법, 내 의견 들어주지 않는 당신과 이렇게 눈 쌓인 빙판길 헤쳐가며 집으로 돌아올 그이의 믿음 하나만으로도 상쇄가 되어 살았던 우리들의 습관을, 이제는 서로가 상대방이 길들여지기를 기다리는 방법 보다는 본인 스스로가 현재의 생활에 맞는 새로운 습관을 찾아 길들여야겠다.

집안의 스위치들 모두 꺼버리고 이불 속에 들어가 잠을 청한다.

대문 초인종 소리가 울린다.

천생연분

우리 집 골목을 100m 쯤 벗어나면 6차선 도로가 나오고, 맞은편에는 자그마한 동산 공원이 있다. 매일 걷기 운동을 하러 이곳에 온다. 동산 둘레를 따라 가면서 만들어 놓은 산책 코스는 한 바퀴 도는데 도보로 10분 정도 걸리고, 6바퀴 돌면 한 시간의 운동량을 채울 수도 있다. 오후 서 너 시가 되면 산책을 즐기는 동네 분들이 뜸해지고 이 때를 즐겨 찾는다. 솔숲 오솔길 입구에 들어서면 서쪽으로 기우는 겨울 햇살에 내 그림자가 앞서거니 뒤서거니 길었다, 짧았다 하며 동행하여 주고, 잔설(殘雪) 덮인 한적한 산책길이 오르락내리락 반겨준다. 오늘도 낙엽을 밟으며 엄지손가락을 접어 한 바퀴째를 걷기 시작하자 함구하고 있던 나는 그림자에게 중얼중얼 푸념을 시작했다.

매주 토요일 오전 10시부터 시작되는 수필반에 가려면

무척 분주하다. 공휴일의 휴식을 즐기는 남편은 토요일의 늦잠을 즐기고, 빨리 일어나 아침 식사를 하지 않으면 아침을 굶어야 한다고 엄포를 놓아도 이불 속에서 꿈쩍을 안 한다. 밥상을 차려 놓고 '에라, 모르겠다.' 하고 외출복을 갈아입기 시작한다. 백을 메고 구두를 신는다. 주방에서 달가닥 소리가 난다. 아침 식사를 하는 모양이다. 그래도 모른 척 하고 현관문을 나서려는데 갑자기 조용하여 주방 쪽을 훌깃 돌아보니 그새 식사를 끝내고 방으로 들어가고 치워야할 밥상만 댕그라니 남아 있다. 시계는 벌써 10시를 가리키고, 밥상을 주섬주섬 치워놓고 설거지 그릇을 싱크대에 쌓아 놓고 화를 낼 겨를도 없이 자동차 키를 주워든다. 매번 계속되는 지각이다. 나와 남편과의 일상은 이렇게 자기중심적으로 대책 없이 협조가 이루어지지 않는데 불협화음이 있다.

처음 만났을 때부터 그는 학교 선생님이었다. 선생님으로 열심히 가르치고 이끄는 모습이 믿음직스럽고, 제자처럼 보호해주는 배필로 흡족하여 결혼도 했다. 그런데 직업이 선생이어서 매사에 훈시와 교훈이 따르고, 질책과 명령만 있을 뿐이지 과묵한 그는 스승과 제자 사이처럼 엄하기만 했다.

어느새 한 바퀴를 다 돌고 두 바퀴 째가 되었다. 둘째 아이를 낳을 때였다. 전치태반의 위급한 진단이 내려지고 응급으로 수술 준비가 진행되는데 그는 보호자의 수술 승낙 서류를 급히 작성하면서 겁에 질려 있는 내게 "여보, 당신 생년월일이 언제야?" 하고 묻는다. 그 때만 해도 급하면 그럴 수도 있겠다 싶어 얼른 대답해 주었다. 그 다음 칸을 적으면서 "당신 이름 한자로 적으라는데 이름은?" 한다. 과다 출혈로 급한 상황에 침대에 누워 수술실로 가면서 부인 이름 석 자도 못 외우는 남편과 둘째 아이를 낳도록 모래성만 쌓은 것 같아 눈앞에 무엇이 와르르 무너지는 소리를 듣는다. 그리고도 박사 공부하랴, 연구 논문 쓰랴, 수업준비네 하며 항상 숙제가 많은 남편을 나는 도와줍네 하고 불평도 못하고 이제까지 살아왔다. 이렇게 30년 넘게 아이들 잘 키우고 살았다면 세상사람 모두 배알도 없는 여자라고 혀를 차겠지. 그래도 좀 더 생활이 안정되면 옛 이야기하며 살게 될 것이라는 희망으로 열심히 살았다.

나는 셋째 바퀴를 어떻게 돌았는지도 모르게 돌았다.

지금까지 살아오면서 겪었던 역경들이 막 스쳐 지나가기 때문이다. 집안일을 주부의 일로 접은 그이는 가사 일은 여벌 일로 안다. 가사 노동이 아무리 힘들다고 매스컴에서 떠들어도 돈 버는 것보다 더 힘들겠냐고 하며 당당하다. 집안 일이 그렇게 힘들어?' 하고 한번 물어주기만 해도 '네' 하고 감동해서 더 잘 할 텐데… 위신에 먹물이라도 튈까봐 그런지 애써 외면하고 사는 것 같다. 맏며느리로 집안 대소사 일들에 힘겹도록 최선을 다 했을 때도 칭찬 한마디, 사랑스런 애정 표현 한 번도 없으니 매사가 언제나 짝사랑으로 끝난다. 혹여 친구들 모임에서 부부가 서로 배려해가며 아껴주는 자랑을 들을 때면 자신의 일에 충실하고, 직장에도 만족해하며, 흠 없이 살아주는 것만으로도 감사하던 마음은 어디로 가고 이렇게 서럽고 외로워진단 말인가. '젊어서 속 썩히는 남편 늙어서 보자'고 아내들은 벼른다고 한다. 늙으면 심성이 너그러워진다고도 한다. 그러나 이제 보니 세월 따라 홀몬작용에 의한 노화 탓이지, 철들어서 그런 것도 아니고 묵묵히 잘 견뎌준 아내가 고마워서도 아닌 것 같다. 그래도 시늉이라도 기대해 보고 산 것이 벌써 몇 해 째다.

네 바퀴째 돌면서 손해만 보며 산 것 같은 후회로 헛바퀴 도는 끼익 소리까지 듣는다. 길옆에 쌓인 눈을 밟아 미끄러지며 엉덩방아를 찧은 것이다. 이제는 각 방까지 쓰고 있지 않은가. 각 방을 쓴다고 하니 모두 놀라워한다. 요즘 가옥의 구조가 거실을 중심으로 방들이 설계되어 있어 방문만 열어 놓으면 실내 전체가 큰방이지 각방이 따로 있나. 화나서 방문 닫고 자면 각방이고 기분이 내키면 방문 열고 자니 한 방에서 잔셈이다. 남편의 예민한 성격이 나의 자유분방한 잠버릇에 자꾸 잠을 깬다기에 내가 단행한 처사다. 이것도 습관이 되어 나에게 이런 홀로 자유의 시간까지 덤으로 얻게 되어 고맙기까지 했는데 눈치를 보니 그이도 나와 동감인 듯 각 방을 즐기는 추세다.

다섯 번째 바퀴를 돌면서 동산을 둘러보니 옷 벗은 나무들이 찬바람에 의연하다. 땅 속에서 뿌리로 물기를 품어 봄을 기다리는 준비가 한창인 모양이다. 그럼, 나의 이 건조한 부부생활도 내일을 위한 준비 과정이란 말인가. 가랑잎 떨어뜨려내듯 마음 비워 나목이 되어 보자. 왜 남편은 나에게 이토록 무심해도 될까. 사회생활 하면서 자신의 입지(立志) 펴기가 더욱 시급했나. 애정 전선에 문제가 있나. 나의 능력이 결혼 조건의 기대치에 못 미쳤나. 가장의 위계질서 때문일까. 유교 문화 속에서 남존여비사상이 그이를 길들여 당연시하고 있는가. 나 역시 내 가정을 꾸린 것이 아니라 대가족제도 속에서 남편의 가부장적인 가계를 돌 본 것 같은 착각 속에서 살았나. 나의 삶을 며느리, 아내, 엄마의 의무와 도리만 있는 달팽이집 속에 가두고 섬 바위에 붙어 파도에 씻기지 않겠다고 매달려 겁내고만 있었나. 그래서 남편은 그런 아내를 믿고 무심한 척 했나.

자신의 일에 몰두하는 매력, 절약이 몸에 배어 14년을 쓴 승용차를 아직도 잘 굴러다닌다고 자랑하며 끌고 다니는 자린고비, 잔소리로 집안 일 다 하는 선생님이 애써 번 봉급을 아내에게 몽땅 주고는 용돈 적게 준다고 안타까워하는 남편인데, 그래서 우리 식구들이 안심하고 편안하게 살 수 있도록 묵묵히 지켜 준 파수꾼에게 내 인생도 책임지라고 불평을 하고 있는가. 각자 세상에 한 몫으로 태어나 누가 누구를 책임질 수 있다는 말인가. 왜 남편이 무엇이든 먼저 베풀어야 나도 할 수 있다는 수동적인 자

세만을 고수했는가. 그럼, 내가 그토록 의지하는 남편에게 나는 왜 그 흔한 '사랑 한다' 말 한마디 해 본일 없고, 두 손 머리에 올려 하트 한번 띄워 위로하지도 못했을까?

여섯 바퀴째다. 동산 꼭대기에 올라 운동기구로 몸도 풀고 빈 그네에 걸터앉아 큰 숨도 쉬어본다. 하늘 끝에 곱게 물들어 가는 석양을 바라보니 이순(耳順)인 나도 아름다운 추억으로 물들어 저물고 싶다. 내가 지금 다시 배우자를 찾는다면 결혼 조건을 무엇부터 순위에 놓을까. 요즘 젊은이들처럼 1순 위부터 시작해서 착한 남자, 배려 깊은 남자, 유머와 재치가 있는 남자, 외모, 경제력, 가치관, 집안배경 등등으로 꼽을까. 언덕을 내려오며 골똘히 생각해 보았다. 전쟁을 겪은 세대의 배고팠던 추억 때문인지 아직도 1순위는 생활력이 있어야하고, 가장의 책임감도 있어야 하고, 믿고 의지하고 따를 수 있는 배우자여야 하니 진정 내 남편 같은 배우자를 또 선택할 것 같다.

여섯 바퀴를 다 돌면서 천천히 생각을 바꿔보기 시작했다. 우리 부부도 이제 모셔야 할 양가 부모 모두 이 세상에 계시지 않고, 자식들도 제 짝 찾아 떠나니 어깨도 많이 가벼워졌다. 반쪽끼리 만나 한 몸 되기 위해 힘겨웠던 일심동체도 가족의 의무와 책임을 무사히 마쳐간다. 이제부터 '일생 동안 고락을 함께 하겠다'고 성혼서약한 부부는 자식 때문에 이제까지 살았노라고 변명해 보며 서약된 약속 때문에 살아야 했다고만 할 것인가.

이제는 나도 사랑받기 위해서 살았던 것 같은 착각에서, 희생하며 살았던 것 같은 굴레에서 벗어나, 나 스스로를 아끼고 위로하고 배려하면서 보듬으리라. 이제부터 노년을 맞이했다고 생각지 말고 나목이 새 봄을 준비하듯이 다시 설계하는 마음으로 나를 위한 도전에 용기를 가져보면 꿈이 야무질까. 그래서 기대한 만큼의 만족감과 충족감에는 못 미치더라도 작은 성취감이라도 맛보면 헛된 세월만 보냈다고는 하지 않을 것 같다. 그러면 권태의 껍질도 벗겨질 것이다.

어느새 오후 여섯 시도 넘어 석양에 엷어진 그림자가 자취를 감추었다. 그림자로 아련했던 그리움도 사라졌다. 공원을 벗어나니 발걸음이 훨씬 가볍다.

소유

나와 절친한 친구가 하소연을 하려 찾아왔다.

A씨 부부가 저녁식사를 하는데 그의 친구로 부터 전화가 왔단다. '내일 모임이 있으니 OO회식집으로 모이라'고. 전화를 끊자 "꼭 그렇게 비싼 곳에서 식사를 해야 하는지 원…" 한다.

"어~이, 우리 집에서 압구정 갤러리아 백화점 가는 버스가 있나?" 커피를 끓이는 주방 쪽으로 고개를 돌리며 묻는다.

"그곳까지 그냥 승용차로 가면 더 편할 텐데요."무심결에 대답하는 아내.

"그걸 몰라서 그러나, 주차가 어렵고 길 찾기가 힘들어서 그렇지."눈을 지그시 감으며 궁리하는 남편.

"그러면 택시를 타지요. 길을 모를 때는 택시기사님이

잘 모셔다 주잖아요." 아내는 또 버스에서 후줄근히 휘저어 내리는 남편을 상상하며 측은해 보여 퉁명스럽게 말했다.

"부자같은 말씀하시네. 택시요금이 요즘 꽤 올랐는데…" 두 손을 엉거주춤 벌리며 놀라는 시늉을 한다.

"당신 나이에 버스 타고 다닌다고 옛날 같으면 청빈하다는 소리나 들을까? 젊은 애들도 다 타는 자가용도 못 타고 청승떠는 것처럼 보이기나 하지요."

아내는 유난히도 차 운전을 싫어하고 절약을 신조로 하며 살아온 남편이 길을 몰라 기웃기웃 지나가는 사람들에게 묻는 모습이 떠올라 한평생 타고 다니던 버스 탄다는데 왜 알레르기 돋듯 짜증이 나는지 모르겠다.

"봉급쟁이 당연하지. 그달 벌어 그달 쓰고 . 요즈음 같은 IMF 시대에 부잣집들 편안한 것 같아도 돈 갈무리에 더 신경 쓰고 . 나처럼 가진 것 없으니 신경 쓸 일도 없고 말이야. 나는 무소유자가 좋더라."

"당신이 가진 것이 왜 없어요? 집도 있고, 건물도 있고, 그렇게 가진 것이 불편하면 당신 이름으로 등기된 부동산 모두 나 줘. 내 이름으로 바꾸면 되잖아요? 소원대로

해 드릴게요."빈정대듯 이야기했는데 "뭐야, 소유욕만 강한 여자야" 갑자기 큰소리로 역정을 낸다.

"소유욕이 강하다고요? 그럼 결혼 40년에 내 소유는 무엇인데. 모두 당신 명의로 돼있고."얼떨결에 큰 소리로 맞장구쳤다. 그랬더니 큰소리에 깜짝 놀라 더욱 작아진 목소리로 "그건 시집올 때 당신이 가지고 온 것이 없으니 그렇지."한다.

"당신은 가지고 온 것이 있기나 하구요? 그럼 그 동안 내가 번 것은 아무것도 없다는 말이지? 내 노동의 댓가는 다 어데 갔는데에…" 아내는 질세라 더 큰소리로 말했다.

"그걸 내가 어떻게 알아. 당신은 밖에 나가 번 돈이 없는데." 진담인지 농담인지 분간키도 어려워진 사고력으로 더 더욱 화가 치민 아내는 "벽창호 영감님 ,전업주부 소리도 못 들어 보셨나요? 그래서 요즘은 나이 들면 자상한 남편들은 마누라 앞으로 미리 재산을 분배해 주는 배려도 깊다던데. 그래야 두 사람 중에 한 사람이라도 먼저 가면 노후대책도 마련해 주고 말이야. 흰 종이에 까만 글씨만 아는 당신이 세상 물정도 모르고 난 억울해서 어떻게 사느냐 말이야" 아내는 엉엉 우는 시늉을 했다.

"이 친구 연극하네. 핫. 핫. 핫.(뒤가 켕기는 웃음소리)"

"홋. 홋. 홋."

무소유의 자유와 소유의 구속? 있음의 빈곤보다 없음의 여유?

남북 이산가족 찾기

요즘 우리나라의 남과 북은 두 정상의 극적인 만남으로 군사적 신뢰구축에 따른 평화 정착과 경제 협력, 인적 교류 등 다양한 협력 방안을 논의하고 있다. 민족이 화해할 수 있는 길을 찾아 발 빠른 행진이 계속되고 있음은 국민의 한사람으로 여간 고맙고 반가운 일이 아닐 수 없다. 꿈만 같은 현실에 통일이 되는 날을 위해 우리는 모두 무엇인가 보탬이 되는 일을 하고 싶다. 분주히 움직이는 나라 안 밖의 뉴스에 귀를 바짝 고추 세운다. 그리고 가슴 설레임으로 기다려 본다. 그런데 통일은 어떻게 올까. 통일이 되는 날은 독일에서 장벽을 깨부수듯 힘차게 오는 걸까? 서로의 염원이 맞닿아 새벽에 날새듯 잠에서 깨어나니 조용히 와 있는 걸까?

광복절 날 이전부터 매스컴에서는 이산가족 찾기로 분

분했었다. 그때부터 친정어머니는 전화로 "얘야, 어디다 접수를 하는 것인지 큰 오라버니 찾는 접수 좀 해 보아라"하고 성화를 내셨다.

"네, 형제들이 의논해서 할게요."

"의논은 무슨? 한 시가 급한데." 아니 50년은 어찌 참으셨는지 떼를 쓰셨다. 그리고 남과 북측의 만남이 있던 광복절 날.

접수된 이산가족들 중에 선정된 사람들의 명단이 공개되고 TV 화면에 얼굴들이 비춰지면서 시청자들도 가슴을 조이며 만나는 순간을 기다리는데 또 전화를 하셨다.

"에미야, 나는 오늘 판문점으로 가야겠다. 네 큰오라버니도 거기 와 있을 게다." 한다.

"어머니, 판문점엔 아무도 오지 않구요. 이번의 이산가족 상봉자들은 서울과 평양에서 직접 만나잖아요. 그리고 우리는 아직 접수도 안 했고요. 그러니까 오빠가 오신 것처럼 TV로 만나는 사람들의 모습을 우선 지켜보자구요." 했다.

"네 오라버니가 판문점에서 기다릴텐데…" 구순(90세)의 어머니는 울먹이신다. 어머니가 접수하라고 하실 때만 해도 빨리 형제들과도 의논을 해야지 했었는데 차일피일 지나다가 접수도 못했고 이렇게 실제 만나는 모습을 대하니 어머니의 전화를 받기도 죄송하다.

한국전쟁 때 학교에 등교했던 18세 아들이 소식이 없어 애태우던 어머니는 다음날 아들을 찾으려 학교에 갔더니 학생들이 모두 광목 천 조각에 밀가루를 묻힌 발싸개로 발을 둘둘 감고 행진하며 끌려가는 모습을 보고 돌아오셨단다. 끝내 아들을 찾지 못하고 돌아온 어머니는 큰아들이 끌려 가다가 죽었을 거라고 항상 되뇌셨다. 또 어디에서 어떻게 가출이 되어 행방불명이 됐는지 아무도 모른다. 그런 깜깜 무소식인 큰오빠를 어머니는 기다리셨나 보다. 그래서 신문이나 TV 화면에 남북정상이 통일을 기원하며 꼭 잡은 손 높이 치켜든 사진을 보면서도, 이산가족을 찾을 수 있다는 뉴스를 접하고는 얼른 만날 생각만 하셨나 보다. 그런데 접수도 하지 않았다니 갑자기 목메어 기다리던 그 아들을 찾으려고 판문점에 가시겠단다. 나는 언니에게 전화를 걸었다.

"어머니가 오빠를 찾으려 판문점에 가시겠다는데 정말 오빠는 어찌 되신 걸까요."하고

"응" 어머니가 찾으시면 접수라도 해 봐야지. 다른 이산가족들이 만나는 것을 보니까 눈물이 쏟아지더라. 정말 큰오빠가 이북에라도 살아계실까? 하신다. 남들이 찾는다니까 무턱대고 찾아 나서겠다는 어머니도 언니도 황당해 보이기만 하다.

6형제가 서로의 입장에서 막상 찾으려 하니 생각의 마찰을 빚었다. 글쎄 남의 일일 때는 식구 찾는 일이 당연히 급선무라고 생각했었는데 선뜻 나서지 못할 이유가 50년 동안의 세월에 희미해진 흔적 같은 기억에서 갑작스런 만남을 주선하기가 황당하기만 하다. '전쟁 통에 사라진 젊은이'라는 명목만으로 어디서 어떻게 사라졌는지도 모르면서 막연히 이북에 끌려 가셨는지의 생사확인에 모두들 충격을 받아 멍해지는 모양이다. 40년이면 한세대가 바뀐다 했는데 우리 집만 해도 어머니와 언니 밖에는 확실히 기억하는 식구도 없다. 나 역시 언뜻 비추는 추억이라야 오빠와 툇마루에 앉아 유성기 틀고 동요 따라 부르던 기억 밖에는 없다. 내 아우들이야 더욱 기억이 없을 터다. 막내는 한국전쟁 이후에 태어났기에 큰 오빠가 계시다는 것을 말로 전해 들었을 뿐이다. 조금 더 세월이 흐르면 '이산가족 찾기'캠페인도 할 수 없게 되는 것은 아닐까.

남들은 접수한 사람만 해도 벌써 칠만명이라는데 만약에 이북으로 끌려가시기라도 했다면 오빠에게 미안한 생각까지 하면서 이산가족 접수는 늦어지고 있었다.

이산가족들의 만남을 보면서 흥분하고 그립기까지 했던, 어머니가 애태워 기다리던 만남이, 이제는 오빠 한사람이 남측의 가족과 고향을 찾는 쪽이 더 유리하다는 구실로 바뀌었다. 그런데 남북한 7천만 인구의 만남이 어떻게 단순한 기대로 봇물 터질 것만 기대할 수 있단 말인가. 전쟁통일이나 흡수통일처럼 갑자기 이루어지는 것도 아니고 협상통일로 2, 30년을 바라보는 통일에 막대한 비용이 들고, 남측의 경제사정도 좋지 않으면서 그렇다고 내나라 부모 형제를 찾지 않을 건가.

앞으로 생사 확인, 서신교환, 면회소 설치가 된다니 다행한 일이다. 이런 노력의 결과가 반세기 동안의 적대를 민족의 화해로 한발씩 떼어놓게 된다니 여간 흐뭇한 게 아니다. 식량을 지원하고, 공장을 세우고, 철도를 개설하고 등등으로 박차를 가하면 또 서로 총 뿌리를 맞대었던 분단의 현실도 봄눈 녹듯 사라지리라. 그리고 남북의 협상이 착실하게 실행되어 통일이 되는 날, 우리는 진심으로 이산가족이 아닌 고향에 두고 왔던 부모형제를 맞게 될 것이다. 민족의 통일만 힘든 것이 아니다. 국민 각자 모두의 힘든 통일이 될 것이다.

아들 보고 싶어 판문점에 가시겠다던 어머니도 차일피일 미루는 동안 돌아가셨다.

'한 번 보고, 두 번 보고, 자꾸만 보고 싶네…' 가요의 노래가사처럼, 만날수록 더욱 그리워져 상처만 더 덧났다는 상봉자들의 이야기를 듣는다. 급한 사람 먼저 만나보고, 우리는 통일이 되어 마음 놓고 만날 수 있는 그날을 기다려 보기로 했다.

미국 서부 답사기

고등학교 15회 동기동창 19명이 2000년 9월 18일부터 27일까지 9박 10일의 초가을 해외여행 겸 재미 동창 방문의 나들이 길을 떠났다. L.A에 도착, 한인 타운을 둘러보고 다음 날 부터 그랜드 캐년 관광을 시작으로 바쁜 일정이 시작 되었다. 사막의 간이역인 콜로라도 강변의 라플린에서 유람선을 타고 야경을 누비며 하룻밤을 쉬었다. 다음날은. 3억 5천만년 전에 북쪽 지층이 높이 올라오면서 찢어진 구멍 속에 비바람에 깎여서 계곡이 생겼다는 적색과 주황색의 지층으로 이루어진 그랜드 캐년으로 달렸다. 그 계곡 밑으로 꼬불꼬불 흐르는 콜로라도 강 마을엔 지금도 인디언들이 살고 있다.

그곳을 관광하고 도박의 도시인 라스베이거스에서 하룻밤을 묵으며 첫날은 5$로 본전치기하고 다음날 본전

잃고 더 잃고 돌아온 밤무대가 화려했던 도시. 미국 전 지역의 농산물을 38% 생산하는 서부 사막 지대의 콜로라도 강은 미국을 거부의 나라로 만든 후버댐이 있기 때문이다. 이 콜로라도 강물로 농작물을 심고 키우기 위해 수로방식을 채택하여 자동 스프링클러로 물뿌리기가 쉬지 않고 후버댐에서 만들어지는 전력으로 불야성을 이루는 캘리포니아 사막을 횡단하면서 저녁놀에 지평선 위의 신기루 현상을 볼 수 있는 리오 레이크를 멀리 신기하게 바라보니 낙타를 탄 옛 상인들의 행렬이 떠올려진다. 은광이 산처럼 쌓여 푸른색의 녹으로 수를 놓은 켈리코 은광촌을 방문하여 지하자원이 풍부한 나라를 부럽게 바라보고, 요세미티공원의 빙하작용에 의해서 생긴 부라이덜 베일 폭포에서 사진도 찍고. 샌프란시스코의 중국사람이 공사하여 붉은 색인 금문교와 섬에 우뚝 세워진 알카트라 감옥의 역사를 듣는다. 영화배우, 스포츠 스타, 컴퓨터 사업자들이 사는 돈이 많은 동네 몬트레이 마을 17마일 경내의 시다(향나무 이름) 나무로 지은 별장과 골프 코스인 Pebble Beach를 드라이브하면서 5박 6일의 서부관광도 마쳤다. 불모의 땅도 가나안 땅으로 만드는 거대한 개척의 나라를 재삼 실감하는 여행이었다.

다시 L.A로 돌아와 그곳 동창 12명의 극진한 환영 속에 이숙원 선생님 내외분께서도 참석해 주셔서 더욱 반가웠다. 40년 만에 만난 친구들은 이름표 달고 첫 대면을 했고 낯익은 웃음소리, 볼우물, 눈흘김 등 옛 모습으로 돌아 온 친구들이 이민생활의 진솔한 삶의 애환을 들려 줄 때는 눈물이 왈칵 솟구치며 오늘의 성공시대도 들었다. 샌디에이고에 거주하는 홍성혜 동문의 초청으로 그곳 동문들과 합류하여 3박 4일 동안 관광버스로 샌디에이고를 관광하였다. 고급 콘도에서 하룻밤 묵었는데 그곳 친구들이 싸가지고 온 도시락으로 먹은 저녁밥, 김이 모락 나는 실외 수영장에서 따끈한 물에 수영복 차림으로 몸을 담그고 별을 헤며 담소할 때의 호젓함, 한 이불 속의 코골이들의 추억을 어찌 잊을 수 있으랴. 우리는 에드워드 황태자와 심프슨 부인이 처음 만났던 장소인 코로라도 호텔에서 멕시칸 요리도 맛보고, 인공으로 만든 미션 만에서 배도 타보고, 라구나 비취에서 홍성혜 부군이 손수 마련해 준 모닥불을 피워놓고 함께 만찬을 즐기며 춤과 노래로 석별의 정도 나누었다. 홍성혜 동문의 물심양면으로 베풀어준 호의를 감사히 받으며 12명의 동문들과도 석별의 정을 나누고 무사히 귀국하였다.

제3부

▌ 수필집 평설

고백적 진술과 고백의 재구성의 묘 돋보여

박 진 환(문학박사 · 문학평론가)

고백적 진술과 고백의 재구성의 묘 돋보여

박 진 환(문학박사 · 문학평론가)

1. 전제

정 순은 시와 수필을 겸업하고 있는 현역이다. 시보다 수필을 먼저 출발시켰으나 시집을 먼저 상재했고, 시보다 수필을 선행시켰으나 시집보다 늦게 상재한 것이 이번 수필집 『꼬리를 올려? 내려?』 다.

먼저 상재했건, 늦게 상재했건 중요한 것은 시와 수필에 충실했다는 점인데 이는 자신이 선택한 문학을 열정을 다해 사랑했다는 뜻이다.

흔히 주변에서 여러 장르의 문학에 손대놓고도 그 한 장르도 제대로 끌고 가지 못하는 그런 예는 흔히 볼 수 있는 것이 이 땅의 문학 풍토이다. 그러면서도 마치 스스로가 천재인 양 나르시스에 빠져 헤어 나오지 못하고 있는 겸업 문인들을 볼 수 있는데 그런 겸업인일수록 문학다운 문학과는 거리가 먼 사이비란 레테르를 달고 사는 것이 흔한 주변의 문학적 풍경이기도 하다.

시집 『안과 밖』을 일찍이 출간, "치환과 병치의 시적 효용을 잘 살려 시에 광체를 더해주는" 시인으로 평가 받은 바 있는 정 순 시인은 자신의 시를 성공적으로 출발시킨 시인으로 인정받고 있다. 이는 정 순 시인이 출발부터 얼치기 겸업인과는 달랐음을 말해주는 것으로서 이를 더 분명하게 보여준 것이 이번에 상재한 수필집 『꼬리를 올려? 내려?』다.

2. 고백문학의 진수 보여줘

수필집 『꼬리를 올려? 내려?』는 고백문학이라는 수필의 진수를 잘 보여주고 있다. 그것은 수필가 자신의 내·외적 삶의 여러 모습들을 윤색이나 각색없이 진솔하게 담아내 설득력으로 작용하게 하는 수필문학의 효용을 백분 살려내고 있기 때문이다.

흔히 수필을 말할 때 고백문학이라고 한다. 고백이란 비단 수필문학에 한한 것은 아니다. 일찍이 까뮈가 지적했던 것처럼 "작품이란 일종의 고백이며 나를 증언해야 한다"고 말했던 것처럼 고백의 증언이 곧 작품이요, 작품을 통한 증언이 또한 작품이기 때문이다. 그리고 임어당이 말했던 것처럼 문학이란 종국에는 자기 자신에 대한 이야기란 것과도 맥락을 같이 하게 된다.

그렇기는 하나 고백이 사실을 있는 그대로, 있었던 그대로 재현하는 것이 아니고 허버트 리드가 말했던 것처럼 "시는 창조적 표현인데 반해 산문은 구성적 표현"이어야 하기 때문이다. 여기에서 산문이란 달리 수필문학으로 대체해도 무방하고 구성이란 사실의 고백이 아니라 고백을 몇 개의 부분이나 요소로 나누거나 반대로 합쳐 재구성해야 한다는 뜻으로 대체해도 무방하다.

이러한 구성의 원리는 수필의 원의대로 풀이했던 붓가는 대로 쓰는 것이란 고전적 해석에서 벗어나 유심론자들을 중심으로 이루어졌던 철학적 사색의 특징을 사변적이고도 구성적으로 다루었던 구성학파의 그것처럼 새로운 전기를 가져다주게 된다.

주지하다시피 현대의 예술은 의도적 제작이니, 기도된 제작이라고 불리우리만큼 작위성이 중시되고 있다. 시에서 정서나 관념을 사물화하여 시를 언어로 그린 회화로 명명했던 것처럼 현대 예술은 정서의 감각화나, 감각을 통한 회화화로 그 태도를 달리하는 이른바 현대적 기획으로까지 의도적 제작성을 요구하고 또 중시하는 것이 사실이다.

수필이라고 예외일 수는 없다. 비록 수필이 신변잡기적 고백을 중시한다고 해도 고백 자체가 수필이 되는 것은 아니다. 고백을 사실대로 진술한다면 그것은 고백일 뿐 수필이 될 수는 없기 때문이다.

여기에서 요구되는 것이 수필이 되기 위해서는 고백을 재구성해야 한다는 점이다. 재구성은 사실을 새로운 사실로 받아들이게 다시 짜 맞춘다는 뜻이다. 마치 천주교 신자들의 고행성사와 같이 스스로 저지른 잘못을 천주님의 대리인 사제에게 고백함으로써 용서를 받고, 용서라는 사변을 통해 지은 죄로부터 구원이 되고자 하는 그런 고백과는 다른 차원의 고백이다.

고백 자체가 고백문학이 될 수 없듯이 고백의 사실적 진술만으로는 수필이라는 문학이 될 수 없기 때문이다. 수필이 되기 위해서는 수필문학이 갖추어야 할 산문으로서의 역할, 무형식의 형식, 고백적 진실 등의 요건도 중요하지만 문학의 본령인 미적 가치를 창출하는데 기여할 수 있는 심미적·철학적 가치나 유머·위트·비평정신과 같은 요소도 갖추었을 때만이 문학으로 불리우게 된다.

이러한 수필문학의 제 1요소를 갖추기 위해서는 현대예술이 요구하는 현대적 기획으로서의 지적 조작이나 의도된 제작과 같은 記述적 技術이 수반되어야한다는 뜻이다. 그리고 그 기술은 구성이라는, 그것이 고백이건 체험이건 사유건 간에 이를 심미적 감동으로 작용하게 하는 재구성의 묘미로 기술되어야 한다는 뜻이기도 하다.

3. 정 순 수필의 이모저모

정 순의 수필 작품들은 비교적 전술한 수필의 문학적

조건을 잘 갖추고 있다고 보여진다. 그것은 수록된 수필들이 자기 주변의 일상적 삶을 고백적으로 진술하면서도 고백일변도가 아닌 잔잔한 감동으로 와 닿게 하는 진솔성과 진솔성이 수반하는 설득력을 지니고 있기 때문이다.

이쯤에서 일찍이 김광섭 시인이 「수필문학 소고」에서 피력했던 "수필이란 글자 그대로 붓 가는 대로 써지는 글이다. 그러므로 다른 문학보다 더 개성적이며 심경적이며 경험적이다." 란 대목을 짚고 넘어갈 필요가 있을 것 같다. 그것은 이 글에서 주목을 요하는 개성적 · 심경적 · 경험적이라는 대목과 정 순 수필과의 상관성은 무관하지 않을 것으로 보여지기 때문이다.

달리 지적하면 정 순의 수필에는 다분히 개성적 심경적 경험적 요소들이 많이 작용하고 있다는 뜻이 되는데 몇 편의 수필을 제시했을 때 이해를 도울 것으로 여겨진다. 수필집 『꼬리를 올려? 내려?』에는 2부에 나누어 29편의 수필이 수록되어 있다. 대부분 신변잡기적 성격을 띠고 있는 이 수필들은 나 · 부모 · 가족 친구를 비롯한 人事的 제재나 소제들이 즐겨 동원되고 있는데 특히 1부에 수록된 수필들이 그러하다.

이에 비해 2부에 수록된 수필들은 더불어 살아가는 이웃과 사회적 구성원으로 살아가면서 겪은 체험들을 글감으로 선택하고 있어 정 순의 수필의 세계가 수필 영역의 광역성 보다는 소박한 일상적 삶 주변을 수필 세계로 설정하고 있다는 것을 알게 해주고 있다.

몇 편의 수필을 제시했을 때 이해를 도울 것으로 본다.

'끼'란 놈은 묘한 성질이 있어 숨길수록 기웃거리고, 감출수록 튀어나오고, 틈만 보이면 용기 백배 돌출해 보는 놈이어서 수줍음 많은 그녀에게도 끼의 에너지를 충분히 발휘할 수 있게 만드는 것이었다. 잠잠한 바다에서 조용히 물밑으로 꿈틀대어 충동질하기도 하고, 회오리바람으로 태풍으로 우리를 놀라게도 하고 즐겁게도 하는 삶의 양념 노릇을 톡톡히 하는 놈이다.

인용 부분은 수필 「끼에 대하여」 일부이다. 화자는 이 끼를 상업에도 손을 대보고 내면에 자리하고 있다고 믿었던 교육가에의 끼도 키워보려 했으나 둘 다 여의치 못했음을 고백적으로 진술하고 있다. 그러면서 스스로가 겸업하고 있는 시와 수필이라는 겸업을 끼로 알고 끼에 충실하고 있는 것으로 여겨진다. 그래서 발상한 끼가 시이고 수필일 수밖에 없게 된 셈이다.

정 순 수필의 중심자리에 놓을 수 있는 신변이야기들은 대부분 체험의 고백적 진술보다는 심경적 진술로 이루어지고 있는 특성을 지니고 있다.

이제 자식들 다 키워 제 짝 찾아주고 양가 부모님도 모두 북망산에 가셨으니 나를 위한 가벼운 삶이 올 것을 기대 했지만 세월 이기는 장사 없어 이제는 또 몸과 마음을 추스려야 할 때가 왔나 보다. 사지육신 멀쩡할 땐 내가 잘나서 잘 사는 줄 알았다. 삭신이 쑤시고 아침저녁 보조 약을 먹으며 살게 되니 어떻게 처신하고 살아야 몸의 기력이 다 할 때까지 자존과 긍지를 가지고 나머지 생을 버텨 볼까. 석양만 봐도 서글픔이 오고, 가을 낙엽만 보아도 예사로 보이지 않는 요즘, 이 우울증을 어머니는 또 어떻게 극복했을까. 이제는 거울 앞에만 서도 어머니와 꼭 닮아가는 딸의 모습까지 보게 되고, 이렇게 온 종일 또 추억해 보며 만둣국을 끓인다. 어머니의 향기가 날 듯 하여 김이 모락모락 나는 만두를 수저로 가운데를 눌러 초간장을 찍어 한 입 넣었는데 어째 목이 멘다.

—「만둣국을 끓이며」 일부

사서하는 고생을 또 자처하고 있다. 아집(我執)으로 밀어붙이다 그렇게 혼이 나고도 요즘 또 남편과 의견이 일치되지 않아 싸우고 있다. 남편의 정년퇴직을 앞두고 노후 대책으로 내세운 나의 계획이 지금 살고 있는 이 주택을 다세대로 짓자는 것이다. 남편은 나의 기발한(?) 착상에 또 한 번 아연실색하고 무조건 반대를 하고 나선다. 이 나이에 왜 또 복잡하게 살려고 하느냐고. 그런데 나는 꼭 지어야만 노후 생계에 보탬이 될 것만 같아 또 우기고 나선다. 그렇게 우겨서 잘 되지 않았던 경험으로 이제 또 그런 실수를 범하게 될까 봐 두 번 세 번 곱씹어 보며, 해산 후, 엄마들이 분만의 고통을 잊고 또 임신을 하듯이 말이다. 이번에는 꼭 고생 끝에 낙이 오는 성공사례의 예가 되기를 빌며, 꼬리를 올려? 내려?

—「꼬리를 올려? 내려?」

예시한 두 편의 수필은 화자의 심경을 고스란히 읽게 해주는 자상한 진술이다.

「만둣국을 끓이며」에서는 어머니로서, 며느리로서, 아내로서의 삶을 살아오면서 겪었던 생의 후반기에 진입하는 초로의 심경이 잘 그려져 있다. 그리고 「꼬리를 올려? 내려?」에서는 보다 윤택한 생활 개척을 남편의 반대를 무릅쓰고 고집했다 당한 아픈 실수의 경험과 노후 대책을 위한 계획을 추진하면서 지난 실패를 되풀이 하지 않고 계획이 성공적으로 수행되기를 소망하는 두려움과 기대가 교차하는 심경을 자상하게 진술하고 있다.

예시한 작품 외에도 대부분의 글들에서 화자의 심경토로를 읽을 수 있는데 특히 「남편의 외도」, 「꼬리달린 세탁기」, 「노후를 그려본다」 등의 수필들이 그러하다.

그런가하면 어머니로서, 아내로서, 며느리로서, 시누이, 친구, 이웃으로 살아가면서 人事的 관계나 인연, 지연, 학연 등을 통해 겪으며 살았고, 살아오면서 겪은 경험들을 중심으로 엮어간 수필들이 유독 눈길을 끈다.

> 어디 세탁기뿐이겠는가. 새 집, 새 가구, 새 전자 제품들과 새 맛에 살려면 낯익힐 만하면 고장 나기 시작하고 또 고치려면 새 부속 밖에 없어 못 고친다고 하여 폐기 처분해야 한다. 실제 낯익었던 고장 난 물품들도 수리하고 닦아가며 살다보면 손 볼 곳도 짐작으로 고치게 되고 경제적 부담감도 덜해 정이 들 때가 더 많았다. 폐품 줄여서 좋고, 경제적 손실도 줄이고, 환경오염도 줄일 수 있어서 더 좋은 재활용법을 익혀가며 살아야겠다.
>
> ―「꼬리 달린 세탁기」 일부

새벽부터 빈속으로 뛰었으므로 기진하여 아침식사를 하고, 숨 좀 돌려 식구들 다 외출하고 난 거실에 앉아 조간신문을 훑어본다. 광고지 한 뭉치와 신문지 한 뭉치를 읽고는 뒤적이다가 장 수 마다 벌려 놓은 채 그냥 그 자리에 웅크리고 누워 식곤증에 잠이 들었다. 빨리 집안을 정돈해야 되겠다는 강박감에 가위까지 눌려가며 토끼잠으로 비몽사몽 하다가 깨어보니 눈앞에 할 일이 또 태산이다. 그동안 누가 치워주었으면 얼마나 좋았으랴 하는 바람도 잠시, 이 일상에서 탈출하고 싶은 생각뿐이다. 우선 거실 소파에 앉아 무엇부터 손을 대야할지, 어떤 일부터 해야 효율적으로 빨리 끝낼지, 머릿속은 또 이리저리 궁리하다가 두루뭉수리 속성법을 사용해야겠다고 다짐했다. 두루뭉수리 속성법이란 '계획세우다 날 새우지 말고 몸으로 실천부터 하자'는 나의 삶의 속성법이다.

—「두루뭉수리 속성법」 일부

예시한 두 작품 중 앞의 것은 일상의 삶에서 터득한 지혜랄까, 알뜰한 살림살이가 요구되는 주부만이 체험할 수 있는 체험기라 할 수 있고, 뒤의 글은 삶의 지혜를 통해 터득한 두루뭉수리란 속성법을 생활에 활용하면서 이를 딸에게까지 지혜로 일깨워 주는 주부로서, 어머니로서의 경험담을 재구성한 진솔한 진술이다.

예시된 작품 뿐만이 아니다. 「서로 엉키며 사는 법인데」, 「고부간」, 「좋은 습관 길들이기」, 「말 좀 놓고 삽시다」 등의 글들은 경험을 통한 지혜로움과 인사적 관계에서 터득하고 깨달은 경험들을 엮어내고 있어 감명에 값하고 있기도 하다.

3. 결어

이상의 조명들은 정 순의 수필집 『꼬리를 올려? 내려?』에 수록된 작품들을 일별하면서 느낀 소박한 독후감이거나 감상문 같은 글에 불과하다. 그러나 이러한 조명을 통해 수필의 맛과 멋을 맛보게 해주고 멋을 벗하게 해준다는 것은 흔한 일이 아니다. 이는 수필다운 수필만이 안겨주는 감동과 설득력에 의해 가능하기 때문이다. 수필집 『꼬리를 올려? 내려?』가 거둔 문학적 성과는 바로 여기에 있다고 할 수 있다.

•

정 순 본명(정순영). 서울 출생으로 고려대학교 이공대 수학과를 중퇴했고 월간 『조선문학』에 시가, 『수필문학』에 수필이 당선되어 문단에 등단했다. 한국시인협회 회원이며 수필문학 추천작가회, 창작수필 작가회, 한국문인협회, 조선문학문인회 회원이다. 시집에 『안과 밖』이 있고 수필집에 『꼬리를 올려? 내려?』가 있다.

•

조선문학수필선 6

꼬리를 올려? 내려?

2011년 3월 26일 인쇄
2011년 3월 31일 발행

지은이 / 정 순
발행인 / 박진환
펴낸곳 / 조선문학사
등록번호 / 1-2733
주소 / 110-092 서울 서대문구 홍제2동 96-4
대표전화 / 730-2255
팩스 / 723-9373

ISBN 978-89-93614-53-4

정가 10,000원